英会話練習 版

**The practice of
English conversation**

ランガーメール編集部
Vanessa Hosford

Languamail

はじめに

　なぜ英語がしゃべれないか ....?　それはしゃべる練習をしないからです。英語を聞いていれば、「ある日突然唇が動く」と言う人がいますがそういうことはありません。

　ロンドンには大勢の日本人が滞在しています。彼らは朝から晩まで英語を浴びていますが、ほとんど皆、英語がよくしゃべれないと思っています。たまに上手にしゃべる人がいます。その人は自分の部屋でしゃべる練習をするからです。しゃべる練習はロンドンも茨城県も同じです。

　10分間は忙しい人でも時間がとれます。毎日続けることができます。フレッシュな感覚でできます。1時間やろうと意気込んでも続きません。慣れると10分間で1,000語しゃべることができます。
　とにかく「しゃべる、しゃべる」です。「聞きたい人はナレイター(narrator)と一緒にナレイティングすることです。そういうように考えてあります。

　なんのために英語をしゃべるか、......　それは韓国人・中国人・イラン人・ロシア人・フランス人・エジプト人・ブラジル人等世界中の人たちと話をするためです。インターナショナルな英語とはネイティブアクセント（なまり）が少ない英語です。英語国には美しい英語を話す人たちがいます。例えば、英国（イングランド）では十人に一人ぐらい、

He / She speaks beautiful English.
と言われる人がいます。こういう人が気をつけていることは no accent , plain English（なまりのない、わかりやすい英語）です。本書はこういう人の英語をモデルにしています。

以前、国連でフランス外相ドミニク・ド・ビルパンのチャーミングな英語が世界中の人々を引きつけました。ネイティブアクセントの強い英語は敬遠されました。あなたの英語も世界中の人たちが聞いてくれます。

....

金丸さんは(ランガーメールの本に必ずでてきます。）ロンドンで活動していたこんにゃくセールスマンです。Mrs Boodle（元舞台女優）のマンションに下宿していました。彼は娘から借りてきた中学校の英語教科書を毎日声を出して読みました。彼はこれで十分だと思っています。

目次

はじめ	3
しゃべる練習・発音・アクセント	8
1 Rain and an umbrella 雨と傘	16
2 The sea and a shark 海とサメ	18
3 Heavy snow 大雪	20
4 Falling off his bicycle 自転車から落ちる	22
5 Change お釣り	24
6 Have 飼う　keep 飼う	26
7 Have / get …をしてもらう	28
8 Near feature 近未来の言い方	30
9 Shopping 買い物	32
10 Get the price down, bargaining 値引き	34
11 Go and come 離れる、近づく	36
12 Take and bring 持っていく	38
13 Getting my money back 　　　　　私のお金を返してもらう	40
14 Look 見る、見える	42
15 Run 経営する、走る、立候補する、	44
16 Drowning でき死	46
17 Make 作る、….を…にする	48
18 As…as …と同じくらい	50
19 A burglar / a thief 夜の泥棒・昼の泥棒	52
20 Present perfect 現在完了	54
21 Comparison 比較	56
22 Any, some いくつか	58
23 Please can you 道を尋ねるときの聞き方	60

24	Can't be .... はずがない、ちがいない	62
25	Will 助動詞（未来）	64
26	Would will の過去、好意でものをすすめるとき	66
27	May 文頭につけ、ていねいな言い方	68
28	Have / has to, must … しなければならない	70
29	Until, by まで	72
30	Passives　受動態	74
31	Relative pronouns 関係代名詞	76
32	Where 場所の後 / when 時の後	78
33	Among / between … の間	80
34	Play sports スポーツをする	82
35	I wish… したらなぁー If もし….	84
※	a / an, the	86
36	The practice of using the word get 　　get の練習	88
37	How and what 感嘆文	90
38	For 方向・期間等の表現を示唆	92
39	Volcanoes 火山	94
40	Earthquakes 地震	96
41	Shall …. いたしましょうか	98
42	Yet, still, already もう・まだ・すでに	100
43	See, look, watch 見る	102
44	Made from / of … から作る / 造る	104
45	Smell におう	106
46	Since .. 以来 for … 時間・期間を示唆	108
47	At / on sports day 運動会	110
48	Kitten birth 子ネコの誕生	112

49 My dog ぼくの犬　　　　　　　　　　　114
50 Mr Reed's painting リードさんの絵　　116
51 At the station 駅で　　　　　　　　　118
52 Lay 並べる、横たえる and lie 横たわる　120
53 How to make tea 紅茶の入れ方　　　　112
54 Colour and collar 色と襟　　　　　　124
55 Flu インフルエンザ　　　　　　　　　126
56 A loan ローン　　　　　　　　　　　128
57 Sting ハチが刺す　　　　　　　　　　130
58 Salmon 鮭　　　　　　　　　　　　　132
59 Birds 鳥　　　　　　　　　　　　　　134
60 Snakes ヘビ　　　　　　　　　　　　136
61 Mind 心、気にする　　　　　　　　　138
62 Horses 馬　　　　　　　　　　　　　140
63 Growing rice 稲の栽培　　　　　　　142
64 Octopus rice タコご飯　　　　　　　146
65 The rainy season 雨季　　　　　　　148
66 Floods 洪水　　　　　　　　　　　　148
67 Australia and Austria　　　　　　　150
　　オーストラリアとオーストリア
68 Anglo-Saxons アングロ・サクソン　　152
69 The late riser 朝寝坊屋　　　　　　　154
70 The Olympics オリンピック　　　　　156
　　　　　(オリンピック大会)
snakes はいろいろな言い回しを教えてくれる　159

7

しゃべる練習・ナレイションの練習

部屋の真ん中に立って、または椅子に座って前の壁に向かってしゃべってください。声を前の壁に投げつけるような気持ちでしゃべってください。しゃべるとき日本語が頭に浮かばないように、情景が現れるように努力してください。努力すればそうなります。空間を見つめてのもぐもぐ英語はダメです。

何度しゃべると言えるようになるかは、カバー裏の A snake の文を参考にしてください。
- 最初は本文を見ながら一日Ⅰ章ずつ進む。
- 本文を見なくても言えるようになると、ナレイターと一緒にナレイティングしてください。外国人が話す理想的なスピードになっています。単語で一息つけますが、１０分間で十分です。

発音(重要なのはアクセント)　母音

話し言葉は発音が最も大切です。この発音は中学一年生のとき習っています。例えば一番始めに習ったセンテンスは、

I am a boy. (ai æm ə boi)
I am a girl. (ai æm ə gə:l)

この中に日本人が苦手とする三つの母音が入っています。æ, ə, ə: です。これだけできれば母音は十分です。

英語の母音はたくさんありますが、まとめてみるとアイウエオでだいたいおさまります。おさまらないのが上の三つです。発音以上に大切なのはアクセント(強音、本書

では母音／子音の左上に ˈ のマークがあります。）カタカナ英語でもアクセントが正しいと通じます。各単語の音声をよく聞いてください。アクセントが明確です。

a アと同じ、二重母音 I, eye (ˈai), ice (ˈais) how (hau) 誰も簡単に言えます。アイスのア。

ɑː ちょっと口を大きく開けて、アーとのばしただけです。art (ˈɑːt), park (ˈpɑːk) 誰もパーフェクトに言えます。

i イと同じ ink (ˈiŋk) hit (ˈhit) 誰もパーフェクトに言えます。 インクのイ。

iː 唇を左右にイーとのばしただけです。east (ˈiːst), heat (ˈhiːt) 誰もパーフェクトに言えます。

u ウと同じ book (ˈbuk), good (ˈgud) 誰もパーフェクトに言えます。ウララのウ。

uː ウーとのばしただけです。two (ˈtuː), boot (ˈbuːt) 誰でもパーフェクトに言えます。

e エと同じ、end (ˈend), bed (ˈbed) 誰でもパーフェクトに言えます。S (ˈes) のエ。

o オと同じ、ou と二重母音です。only (ˈounli), go (ˈgou) 誰もパーフェクトに言えます。

ɔ 口の奥から出すオです。スペルがそういうふうになっ

ています。 not ('nɔt), top ('tɔp) 等、自然に口の奥から出てくるオです。

boy は日本人は皆「ボーイ」と言いますが、それはボーイと習ったからです。'bɔi と言いなさいと言われれば誰でも 'bɔi と言えます。アクセントをつければボーイにはなりません。

ɔ: ɔ をのばした。all ('ɔ:l), water ('wɔ:tə)
誰でもきれいに言えます。

「ice のア ink のイ」に疑問を持つ方は観光にきている英語国人の前で発音してみてください。（大切なのはアクセント）彼らは喜んで聞いてくれます。

最後に、アイスのアと少し異なるア音

ʌ 口を中くらいに開けて、口の奥でアと言う。階段を２０段くらい駆け上がって「ハア, ハア」しているときの口の形。cut ('kʌt), but ('bʌt) 簡単です。

ə ぽかんとした口で、口の真ん中で短く言う「ア、ソウ」のア、ahead (ə'hed) の ə です。about (ə'baut), again (ə'gen)。この ə は語の終りによく出てきますが a: と言う人が多い。。

ə: ə をのばしただけですが、なかなかわかるように言えません。「ə:　ə:　earn ('ə:n)」で練習してください。first ('fə:st), learn ('lə:n), かなり練習が必要です。

æ 誰も can ('cæn) や cat ('cæt) は正確に言えます。鏡で舌の位置を確認してください。
at ('æt), an ('æn), bad ('bæd),

以前、金丸さんのア音はすべ a でした。皆、中学で一番最初に習った ə, əː, æ ができればあなたの母音は OK です。

子音

難しそうな記号の音声は簡単です。日本語になっている。

tʃ 短くチ cheese ('tʃiːz) church ('tʃəː tʃ)
dʒ 短くヂ Japan (dʒə'pæn)
ʃ 短くシ she ('ʃiː) sharp ('ʃɑːp)
ʒ 短くジ、measure ('meʒə)
θ 前歯の先に舌をつけスーと引く。thin (θin)
ð スをズにする。 this ('ðis) that ('ðæt)
f 下唇をかんで息を出す。f ('ef), food ('fuːd)
v f に音をつける。v ('viː) victory ('viktəri)
h H というときはのどの奥から声が出ます。
 he ('hiː) who ('huː) house ('haus)
j ヤキユ…のキです。yes ('jes), year ('jəː)
 誰もきれいに言えます。ポイントはアクセント。
ŋ 「ウング」でいい。sing ('siŋ), king ('kiŋ) 一度聞くだけで簡単に言えます。

b. p　b, p があれば、B, P というときの最初の唇の
　　形から出る。決してブ・ピから出ないこと

l　は「リンリン」の link ('liŋk)
r　は「リリリン」「リリリン」の ring ('riŋ)

　　かなり練習しないと言えないのが次の頻繁に出てくる
なじみの記号です。カギはアルファベットです。

d, and (ænd)　bed ('bed)　did ('did)
　　drive ('draiv)　drink ('driŋk)　dry ('drai)
　　d で終っている語、d と子音が続くとき「ド」と
　　言ってしまう。D (di:) i: を言わなければいい。

t , but ('bʌt)　get ('get)
　　try ('trai)　travel ('trævl)
　　t で終っている語、t と子音が続くとき「ト」と
　　言ってしまう。　T (ti:) i: を言わなければいい。

s　sea ('si:), sit ('sit), six ('siks)
　　silver ('silvə),　silk ('silk),)
　　s は難しいと言う人もいますが、実際はやさしい
　　です。S ('es) は誰もごく簡単に言えます。
　　　S と言うときの終りの唇の形でスと言う。

w　wood ('wud)　wool ('wul)
　　W ('dʌbəlju:) と言うときの最後の唇の形で

アクセントをつけて wood ('wud), wool ('wul)

　とにかく子音がきれいに発音できるとあなたの英語は響きがよくなります。（子音も母音のアクセントを伴わないとダメです。）本文は基本 2,000 単語を使用しています。しっかり口で覚えてください。
　発音記号で金丸さんが参考にしたのが
「最新コンサイス英和辞典」三省堂編集所編
　金丸さんは発音記号を覚えています。スペルより簡単だからです。しかし、特別に役には立ちません。

※　発音記号だけの音声はありません。それは、誰も「発音記号」を知らない、自分の発音のほうがいいと思っている、また効果的な録音ができないからです。
　子音は D, T, S, W のアルファベットの音声が入っています。あなたも、ほとんど同じように言えると思います。ということは、あなたも d, t, s, w が英国人と同じように言えるということです。

　音声は、下記 HP；無料　発行日より二年間有効
　　http://www.languamail.com

Pronounciation, vowels (発音、母音)

英語にはたくさん母音があります。、改めて練習するのは ə, ə:, æ です。あとは各単語で十分です。

ə　a (ə), ago (ə'gou), ahead (ə'hed)
　　about (ə'baut), America (ə'merikə)
　　軽く言う「あ、そう」のあに近い音です。最も頻繁にでる母音です。ahead で練習。

ə:　first ('fə:st), learn ('lə:n), earn ('ə:n),
　　sir ('sə:), were ('wə:), work ('wə:k)
　　多分この ə: が日本人には一番難しい音だと思います。ə を伸ばしただけです。

æ　can ('cæn), cat ('cæt), bad ('bæd),
　　誰も can は簡単に言える。鏡で舌の位置を確認。

i　it ('it), イとほとんど同じ、アクセントつけるだけ。

i:　eat ('i:t), queen ('kwi;n) イーにするだけ。

ɔ　oil ('ɔil) 口の奥の筋肉をゆるめて「オ」、

ou　o ('ou), no ('nou), go ('gou),

ɔi　boy ('bɔi), toy ('tɔi), coin ('cɔin)

ʌ　cut ('cʌt), but ('bʌt), punch ('pʌntʃ)

ɑ:　art ('ɑ:t), park ('pɑ:k), heart ('hɑ:t)

Pronounciation, consonants (発音、子音)

子音が正しく言えると、あなたの英語は響きがよくなります。コツはアルファベット(alphabet)。

D (diː) and ('ænd), bad ('bæd), hand ('hænd), dry ('drai), drink ('driŋk),
多くの日本人は「ド」と発音しています。唇が丸くなっています。D (diː) の最初の唇の形で「ド」と言えば d になります。

T (tiː) at ('æt), but ('bʌt), cat ('cæt), hit ('hit), try ('trai), travel ('trævl)
d と同じく多くの日本人は「ト」と発音しています。T (tiː) の最初の唇の形で「ト」と言う。

S (es) sea ('siː), sit ('sit), six ('siks) silver ('silvə), silk ('silk), signal ('signəl)
S(es) は日本人はみなパーフェクトに言えます。s は得意な音です。' s it, s it ' と言って、速く ' sit, sit ' とアクセントをつけて練習。

w (dʌbəljuː) wood ('wud), wool ('wul)
W ('dʌbəljuː) と言うときの最後の唇の形でアクセントをつけて wood, wool。

book ('buk) は B というときの最初の唇の形。

moon ('muːn) は M の最後の唇の形。

pool ('puːl) は P というときの最初の唇の形。

「ブ、ム、プ」ではない

1
Rain and an umbrella (雨とかさ)

When I was walking along Ginza Street it started to rain. I opened my umbrella and walked on holding it so I wouldn't (didn't) get wet.

私が銀座通りを歩いているとき雨が降り始めた。私はかさを広げて、かさをさして歩いたので濡れることはなかった。

wouldn't は会話英語
didn't でも ok

When ('wen) …のとき、w の最後の唇の形で when。
was ('wɔz) 「is の過去」同上
walking ('wɔ:kiŋ) 歩くの進行形、wɔ は同上
walked ('wɔ:kt) walk(歩く)の過去 注; d を t
along (ə'lɔŋ) …に沿って
opened ('oupənd) open (開く) の過去 注; d
umbrella ('ʌmb'relə) かさ
didn't ('didnt) don't (do not の過去形)
　　　うまく言えない人は「did と言ってツ
　　　バをごくんと飲んで t と言ってください。
wouldn't ('wudnt) won't (will not)の過去形、
　　　　　　発音は同上。

通り・道を歩くときは along / down を使います。
  I like to walk along / down Regent Street.
    (私はリーゼェント通りを歩くのが好きだ。)

start to / ing はよく出てきます。
  It started to rain
    (雨が降り始めた。)
  It started raining. とも言います。

かさを広げるのは
  I open my umbrella.
  I put up my umbrella.
かさをたたむのは
  I close my umbrella.
かさをさして歩くというのは、
  I walk on holding my umbrella up.
ひとつずつ覚えるのは大変なので本文のようにしゃべってください。単独のセンテンスでは up が必要。

動詞の最後 d の発音；d の前が母音・母音に近い音の子音 (b,v,z,g,n..) の場合は 'd' と発音。

    母音 paid ('peid)
    母音に近い音 opened ('oupənd)
            lived ('livd)
声がでない音（k, s, ʃ...）の場合は ' t ' と発音
        walked ('wɔkt)
        finished ('finiʃt)

2
The sea and a shark (海とサメ)

It's a hot day so I want to go swimming in the sea. No you can't swim in the sea today because a large shark was seen near the beach this morning by the local fishermen.

暑い日だ、ぼくは海へ泳ぎに行きたい。だめです、今日は海で泳げませんよ、今朝、大きなサメが地元の漁師さんたちによって浜の近くで目撃されました。

a , a , (ə)「一つ」という意味、
so ('sou) そう、だから　　　　　注; ou
I want to,　I want to .... したい
　　　　　　注; この3語のしゃべり方
sea ('si:) 海
she ('ʃi:) 彼女

It's ('its)「It is の省略」
hot ('hot) 熱い、暑い　　注; t
no ('nou) いいえ　　　　注; ou
can't ('ka; nt) cannot の省略
because (bi'kɔz) なぜならば　注; 'kɔz
near ('niə) 近く　　　　　　注; ə

気候・年月日・時刻等は it を使います。
　It's a rainy day.
　（雨の日だ。）
　It's 10 o'clock in the morning.
　（朝の10時だ。）

go swimming
　I want to go skiing.
　　　（ぼくはスキーに行きたい。）
　I want to go hiking.
　　　（ぼくはハイキングに行きたい。）

受動態：　最近よく聞くのが、
　A bear was seen in the corn field behind the temple this morning.
　　（今朝、熊が寺の後ろのとうもろこし畑で目撃された。）
　Mars is called the red planet.
　　（火星は赤い惑星と呼ばれています。）
A pickpocket has been caught on the train.
　　（スリが汽車の中で捕まった。）

災害が多い、次の英語を覚えてください。
　The evacuation order was issued.
　　　（避難命令が出た。）
　evacuation (ivækju'eiʃən)　　issued ('isju:d)
　　（避難）　　　　　　　issue（発する）の過去分詞

3
Heavy snow (大雪)

It snowed heavily last night. In the morning I opened the curtains and looked out of the window. The whole place was covered with snow. I think the snow lies about 1m deep.

　昨夜は大雪でした。朝、私はカーテンを開いて窓の外を見ました。一面雪で覆われていました。雪は1mくらい積っているようです。

snowed (ˈsnoud) 雪が降った　注；d

last (ˈlɑːst) 昨夜　　st の発音　SとT

curtain (ˈkəːtn) カーテン　注；əː、tn

looked (ˈlukt) 見た　　　注；kt

whole (ˈhoul) すべての、全体　注；ou

lies (ˈlaiz) 横たわる　（三人称）
lay (ˈlei) 置く、並べる

think (ˈθiŋk) 思う、考える

天気は it を使います。
　It snowed / rained / hailed last night.
　　（昨夜は雪 ／ 雨 ／ ひょうが降った。）
　It looks like rain.
　　（雨になりそうだ。）
　We have had much snow this year.
　　（今年は雪が多かった。）　we も使います。

open は主語が人でも物でもそのまま使えます。
　I opened the letter.
　　（私はその手紙を開いた。）
　The market opens at 8 in the morning.
　　（そのマーケットは朝8時に開きます。）

the snow lies……（雪が積もっている）
　lie は「横たわる」という意味ですが、連想して「雪が積もる、場所にある」等に用いられる。やさしい語ですが、過去形が lay なので、もうひとつの lay（横たえる、敷く、卵を産む）とこんがらかって、英語国ではややこしい語になっています。52 参照
　I'm going to lay the cloth on the grass
　and lie down on it.　　現在形
　　（私は草の上に布を敷いて、その上に寝っ転がる。）
　I laid the cloth on the grass and lay
　down on it.　　過去形
　　（私は草の上に布を敷いて、その上に寝っ転がった。）

4
Falling off his bicycle
（自転車から落ちる）

Tom cycles to the station every morning. On a rainy day last week he happened to hit a tree. He fell off and broke his right leg. He stayed in hospital for 2 months.

トムは毎朝、自転車で駅へ行きます。先週の雨の日、彼は木にぶつかりました。彼は転び落ちて右足を骨折しました。彼は2ヶ月間入院しました。

cycles ('saiklz)　　　自転車で行く（三人称）
happened　（'hæpənd）偶然起きた　注；æ
tree　（'tri:)　木、not「トリー」、Tの唇の形
broke　（'brouk）壊れた　breakの過去、
hospital ('hospitl)　病院、注；tl

注；Tomが行く駅はきまっているので the station。 a tree; the tree にすると聞き手、読み手は「どの木だ」ということになる。hospital（患者として訪問する場合、英国）・the hospital（米国）。

cycle；自転車で移動する。
   Tom goes to the station by bicycle.
でもいいですが、会話では cycle を使います。
   I cycle to the office.
   I cycle to work.   not 'the work'
   （私は自転車で会社 / 仕事に行きます。）

時間は at、日は on、月・年は in、夜中・真昼は、
   It is midnight.   （真夜中の 12 時）
   It is 12 o'clock midnight.
   It is noon.   （真昼の 12 時）
   It is 12 o'clock midday.

happened（偶然起きた）
   I happened to meet Taro at Tokyo station yesterday.
   （ぼくは昨日東京駅で太郎に偶然会いました。）

fell off（落ちた）、fall down, fall over ともいう。
   A button fell off my coat.
      （コートのボタンがとれた。）
   I tripped over a stone and fell down.
      （ぼくは石につまずいて転んだ。）
   He fell over the chair.
      （彼は椅子から落ちた。）
broke；切れたという場合もあります。
   The rope broke when I pulled hard.
   （そのロープは、ぼくが強く引っ張ると切れた。）

5
Change (おつり)

'How much is that scarf?'
' It's ¥15,000.'
' Can I pay in dollars?'
'Yes, but you can't have the change in dollars.'

「あのスカーフはいくらですか。」
「15,000 円です。」
「ドルで払ってもいいですか。」
「いいですよ。しかし、お釣りをドルで差し上げることはできません。」

that (ˈðæt) あの　　am (æm) と同じ
dollars (ˈdɔləz) 複数　ドルは日本語
but (ˈbʌt, bət)　しかし
change (ˈʧeindʒ)　　ここではお釣り
yen (ˈjen) 円　複数形はない。　2 yen
N (ˈen)
have (ˈhæv)　am (æm) と同じ
dollars (ˈdɔləz) 複数　ドルは日本語
注：ドルで払うは in dollars、今日のドルは「高い、安い」のドルは the dollar （代表の the）。
お釣り・小銭いう意味の change （単数形）

How much（お金・酒・水等に使います。）
　How much did you pay for the car?
　　（あなたはその車にいくら・払ったのですか。）
　How much whisky do you drink a week?
　　（あなたは一週間にどのくらいウイスキーを飲みますか。）
　How much do you weigh?
　　（あなたの体重はどれくらいですか。）
　How much longer will you stay in Japan?
　　（あなたは、どのくらい日本に滞在しますか。）

little （ほんの少し）
　We have very little food.　very をつける
　We have hardly any food.
　　（我々はほとんど食べるものがない。）

change （釣銭・小銭）
　Here's your change.
　　（お釣りですよ）
　Can you give me change for a ￥10,000 note?
　　（一万円札でお釣りを頂けますか。）

dollar（ドル）　　the dollar は代表のドル
　The dollar is high today so I will pay in dollars.
　　（今日はドルが高いからドルで払う。）

6
Have（飼う）／ keep（飼う）

Andrew has a large garden and keeps a bear. Do you have any pets? Yes, I have a white snake. It's a beautiful one and I always have my supper with him.

「アンドルーは大きな庭を持っていてクマを飼っています。あなたは、なにかペットを飼っていますか。えぇ、私は白ヘビを飼っています。大変美しいヘビで私はいつも夕食を彼と一緒に食べます。」

Andrew ('ændru:) 名前（男性）

bear ('beə) 熊　　　　注；ə
pets ('pets) 複数のペット、ts;「つっぱる」のつ
beautiful ('bju:təfəl) 美しい、
supper ('sʌpə) 夕食、注；ə
has , have ('hæz, 'hæv) いろいろな意味があります。本文では「持っている」・「飼っている」という意味になります。文の内容によってきまる。注；æ

I have, You have, We have, They have….
He has, she has, It has ….
　I have a car.（ぼくは車を持っている。）
　She has a piano.
　　（彼女はピアノを持っています。）

疑問文・否定文は has を使わないで have を使う。
　Do you have a car?
　　（あなたは車を持っていますか。）
　Does she have a piano?
　　（彼女はピアノを持っていますか）
　I do not have a car.
　　（私は車を持っていません。）
　She does not have a piano.
　　（彼女はピアノを持っていません。）

pets; 生き物をペットして飼うときは have・keep
　を使います。have は比較的小さい生き物、
　keep は売るために飼う or 檻に入れて飼う。
　He keeps many carp for sale.
　　（彼は売るためにたくさんコイを飼っている。）
　I keep a pet rabbit in a cage in the garden.
　　（私はペットのウサギを庭でかごに入れて飼っている。）
　Bullfrogs can make good pets and you can sell them for a high price.
　　（食用カエルはいいペットになる。また、高い値段で売ることもできる。）

7
Have / get (.... をしてもらう)

Benjamin! Your hair is growing too long. Yes, I know. I'm going to get (have) it cut this afternoon. By the way I've had my car repaired. Let's go driving tomorrow.

「ベンジャミン、あなたの髪は伸び過ぎですよ。ええ、知ってますよ。今日の午後、髪を刈ってもらいます。ところで、ぼくの車の修理ができた。明日ドライブへ行こうよ。」

Benjamin ('bendʒəmin) 男子の名前

Your ('jɔː) あなたの

hair ('heə)) 髪　注；ə

grow ('grou)、育つ、伸びる　注：ou

repaired (ri'peəd) 修理するの過去、過去分詞

afternoon (ɑːftə'nuːn) 午後　注；tə

driving ('draiviŋ)　ドライビング　注；dra

「髪を刈ってもらう、服をあつらえてもらう」というような場合は、
　.... get (have) + 物 + 過去分詞 ....
注：過去の場合は got を使わないで had を使う。響がよくないから……。

I had my hair cut yesterday.
　（ぼくは昨日頭を刈ってもらった。）
He is going to get (have) his TV repaired.
　（彼はテレビを修理してもらいます。）
Where can I get (have) this film printed.
　（どこでこのフィルムをプリントしてもらえますか。）

だれだれにしてもらうは ... 実際の会話では、
I'm going to get Jack to mend my bicycle.
　（ぼくはジャックに自転車を直してもらいます。）
Ken always gets his sister to do his home work.
　（ケンは、いつも彼の姉に宿題をしてもらいます。）

Let's ..... しよう
　Let's start / eat / sing / swim…….
　　（出発しよう、食べよう、歌おう、泳ごう ….)
　Shall we...? ともいいます。映画「王様と私」で大ヒット。
　Shall we dance? ... Shall we dance?...
　Let's dance.
　　（踊りましょう。）

8
Near feature
(近未来の言い方)

" I'm leaving Osaka for Sapporo this evening."
" On business ?"
" No, I'm going to see the Snow festival."
" When will you return?"
" I'll be back to Osaka tomorrow night,"

「私は、今晩大阪を発って札幌へ行きます。」
「お仕事ですか。」
「いいえ、雪祭を見に行きます。」
「いつ戻られますか。」
「明日の夜、大阪に帰ってきます。」

leav*ing* ('li:viŋ) leave (去る) の進行形

business ('biznis) 仕事　　注;z

festival ('festəvəl) 祭

return (ri'tə:n) 帰る、返す　注; tə:

be leaving…, be going to .., will 等は未来形です。

I'm leaving…. 進行形は進行中のことより、すぐ先におこることについて使うことが多いです。

> I'm leaving London tomorrow.
> （私は明日ロンドンを出発します。）
> I'm leaving for Tokyo tomorrow.
> （私は明日東京へ向けて立ちます。）

I'm going to….. 「… をしようとしています。」というときに使います。

> I'm going to have a bath.
> I'm having a bath.
> （私は風呂に入ります。）

実際に風呂に入ってる場合は、am を強調する。

> I am having a birth.
> （私は風呂に入っています。）

on business /sightseeing … 仕事、観光で
> I'm staying in Tokyo on business / sightseeing.
> （私は仕事で / 観光で東京に滞在しています。）

will はいくつかの使い方があります。
① I will be 20 years old tomorrow.
　（私は明日二十歳になります。）　単純未来
② I will go to London tomorrow.
　（私は明日ロンドンへ行きます。）　意志未来
　① 自分の意志と関係なし　② 自分の意志と関係あり

9
Shopping (買い物)

I do my shopping in the late afternoon, because many items are cheaper. Why don't you go to the AK store? They offer 15% off for all goods including fish and meat.

私は午後遅く買い物をします。なぜなら多くの商品が安くなっているからです。それなら AK ストアーに行けばいいじゃないの。魚や肉もすべての品物が 15% off になっているよ。

Why don't you Why don't you
　　（なぜ … しないの、…. しなさいよ）
including (in'klu:diŋ) 含んでいる

store ('stɔ:) 店

offer ('ɔfə) すすめる　　　　注 ; ə

fish ('fiʃ)　魚　　fish は単数形が普通、fishes は幼稚語。

Why don't you…. (あなたはなぜ … しないの) ということは (… しなさいよ) ということです。会話にはよくでてきます。

> Why don't you come to see me ?
> （私に会いにきなさい。）
>
> Why don't you see that film ?
> （あの映画を見なさいよ。）
>
> Why don't you say "Good Morning" to your principal ?
> （なぜ、あなたは校長先生に「お早うございます」と言わないのですか。）

15% off 日本でも同じ表示をします。しかし、英語で言うときは、

> I've bought this TV for 30% less than the normal price.
> （私はこのテレビを定価の3割引きで買った。）

off :「離れる」というニュアンスをもった語です。

> The gas is off. （ガスはついていない。）
> Take off your hat. （帽子をとりなさい。）
> Keep off the grass. （芝生に入るな。）
> The cover is off. （ふたがとれている。）
> An egg rolled off the table.
> （玉子がテーブルから転げ落ちた。）
> Mark is off work today.
> （マークは本日休みです。）

10
Get the price down, bargaining
（値引き）

While walking round in a shopping market David saw a nice back-pack. It was priced at $85.

He said to the dealer, " Will you take off $5 ? "

"Yes, but only for cash.' said the dealer.

ショッピングマーケットを歩きまわっていると、デイビッドはいいバックパックを見ました。$85でした。デイビッドは店主に言いました。「$5負けてくれませんか。」「いいですよ、しかしキャッシュですよ。」

while ('wail) （……の間）

will ('wil) 助動詞（未来）

back-pack ('bæk-pæk) リュックサック 注 ; æ

priced ('praist) price（値段をつける）の過去・過去分詞　注 ; st

market ('mɑːkit) マーケット

while walking と言ういい方、
　While having my lunch the earthquake happened.
　　（私が昼ごはんを食べていとき、その地震は起きた。）
　While watching TV I fell asleep.
　　（テレビを見ている間に寝いった。）
　When fishing　I fell over into the river.
　　（釣りをしているとき、ぼくは川に落ちた。）

price は名詞・動詞で使います。
　The price went up ／ down.
　　（その値段が上がった　／　下がった。）
　How much is this hat?
　What's the price of this hat?
　　（この帽子はいくらですか。）
　The dealer priced the car at ¥2m.
　　（ディーラーはその車に二百万円の価格をつけた。）

値引き、よく使う語がディスカウント・バーゲン
　Can I get a discount ／ bargain for the suit?　（その背広をまけてください。）
　I bargained with the dealer for the suit and managed to get 10% off.
　　（私はディーラーとその背広の値段を交渉して10%値引きを勝ち取った。）
　Will you reduce the price by ¥5,000?
　　（五千円まけてくれませんか。）
　Will you give me a little discount for the suit?（その背広を少しまけてくれませんか。）

11
Go and come (離れる、近づく)

Can I come to see you this afternoon? Yes, of course, what time will you come ? Well, I'll go to the bank first ... so around 2 o'clock. Can I bring my cat with me ? Yes, you can.

今日の午後、あなたに会いに行ってもいいですか。はい、いいですよ、何時に来ます。えぇと、最初に銀行へ行くから .... 2時ごろですね。私の猫を連れて行ってもいいですか。いいですよ。

I'll ('ail)   I will
bank ('bæŋk)（銀行）   注；bæ
 2   ('tu:) 2
cat   ('kæt) 猫   注；t
first ('fə:st)（第一に、初めに）
文によって訳は少し異なります。名詞・形容詞・副詞。トランプ大統領の America first 以来、日本では「○○ first」だらけですが正しく発音できる人は少ない。

Can I come to see you.....?　この場合の can は approch（近づく）という意味です。話相手に日本語の「行く」という場合は come です。相手以外の所へ行く場合は go です。

I'm coming to you at 6 and we'll go to the theatre together.
　　（私は6時にあなたの所へ行きます。それから劇場
　　へ一緒に行きましょう。）

ロンドンにいる人に電話で、

Tomorrow my daughter is coming to London and my son is going to Rome.
　　((明日、私の娘がロンドンへ行き、そして息子がロ
　　ーマへ行きます。)

come は相手に近づく、go は自分の所を離れるということです。

何時・何日・何月・何年

What time is it?
　　（何時ですか。）

What day or date are you paid?
　　（何日に給料をもらいますか）

What month do cherry blossoms come into bloom?
　　（何月に桜が咲きますか。）

What year did the war start?
　　（その戦争は何年に起こりましたか。）

12
Take and bring (持っていく)

My father is a farmer and he sent me a lot of vegetables yesterday. I am going to take some lettuces to George and later bring a few tomatoes and potatoes to you.

　私の父は農家で、昨日たくさん野菜を送ってくれました。私はジョージのところへレタスを届けてから、あなたにトマトとポテトを持っていきます。

farmer (ˈfɑːmə)　農家・農夫　注 ; ə

vegetables (ˈvedʒitəblz)　野菜（複数）

lettuces (ˈletisiz) レタス（複数）

few (ˈfjuː)　a few 少数、few ごく少数

tomatoes (təmˈɑːtouz) トマト（複数）
　　　　　(təmˈeitouz) 米国
potatoes (pəˈteitouz) ポテト（複数）

takeはいろいろな意味があります。文脈で判断します。bringは「もっていく」に連想した意味です。話している相手に「持っていく」or 誰でもいいから「持ってこい」という場合はbringを使います。それ以外の場合はtakeを使います。comeとgoを思い出してください。

> I must take my bicycle to the bicycle shop for repairs.
> （ぼくは、自転車を修理してもらうために自転車屋へ持っていかなければならない。）
>
> I'm going to take lunch to my children playing in the park.
> （私は、公園で遊んでいる子供たちへ弁当を持って行きます。）
>
> Our mother is late in bringing our lunch and we are getting hungry.
> （お母さんは弁当を持ってくるのが遅い。おなかがすいてきた。）
>
> Please take this suitcase to the station.
> （このスーツケースを駅へ持っていってください。）

複数形になる野菜。

> cabbages, cucumbers, leeks, onions.
> (ˈkæbidʒz) (ˈkjuːkʌmbəz) (liːks) (ˈʌnjənz)
> （キャベツ、キュウリ、ネギ、タマネギ）

複数形にならない野菜

> corn　　spinach　asparagus
> (ˈkɔːn)　　(ˈspinitʃ)　(əˈspærəgəs)
> （トウモロコシ、ホウレンソウ、アスパラガス）

13
Getting my money back
（私のお金を返してもらう）

Last week I bought this ballpoint pen but after using it for 5 minutes the ink ran out. Will you change it for another one? If you have none in stock, please can I have my money back?

　先週、私はこのボールペンを買いましたが、5分間使うとインクが出なくなりました。他のと取り替えてください。もし、在庫がないならお金を返してください。
　＊　「5分間うんぬん」は英国での典型的な言い方ですが、日本では「ちょっと使ったら or すぐ」といいます。

bought (ˈbɔːt) buy　（買う）の過去、
boat (ˈbout)　ボート
ballpoint pen (bɔːlˈpɔint pen) ボールペン
ran out (ˈræn ˈaut)　なくなる、使いきる
minutes (ˈminits)　分 minute の複数形
none (ˈnʌn)　なにも…ない
back (ˈbæk)　本文では「返す」注；æ

after using（使用後）
>After using my computer for 3 months it has broken down.
>（コンピューターを3か月使ったら故障した。）
>I started eating my supper and after a few minutes the earthquake began.
>（夕食を食べ始めて数分後、その地震は起きた。）

change it for another （ほかのと取り替える…）
>I change my tie every day.
>（私は,ネクタイを毎日とり替える。）
>Will you change the pear for an apple ?
>（そのナシをリンゴに換えてください。）
>We must change trains at Kyoto station for Izumo.
>（私たちは、京都駅で出雲行き汽車に乗り換えなければならない。）
>He has changed for the better / worse.
>（彼は良く / 悪くなった。）

back はいろいろな使い方がある。**in return**（返す）という意味で
>Please can I have my pen back ?
>（私のペンを返してください。）
>He always answers back.
>（彼はいつも口答えをする。）
>Is my mother back yet?
>（ぼくのお母さんはもう帰っていますか。）

14
Look (見る、見える)

Jane looks beautiful in her blue dress. Yes, she does and look at her finger. She's wearing a sapphire ring. She looks like a heroin in a film. We look forward to her wedding.

青いドレスのジェーンは美しい。えぇ、彼女は美しい、それに彼女の指を見てごらんなさい。彼女はサファイアーの指輪をはめています。映画のヒロインのように見えます。私たちは彼女の結婚式が楽しみです。

look ('luk) 見る、見える
dress ('dres) 装う　　注 ; dr
she's ('ʃiːz) she is / has の略
wearing ('weəriŋ) 着る、身につける、はく
finger ('fiŋgə) 指　　　注 ; gə
sapphire ('sæfaiə) サファイアー
ring ('riŋ) 指輪
film ('film) 映画　　　注 ; lm
heroin ('herouin) 女性主人公　注 ; rou
forward ('fɔːwəd)　　注 ; d

look : (seem to be)「見える」という意味。
　　She looks young ／ happy ／ tired.
　　（彼女は若く ／ 幸せ ／ 疲れているように見える。）

look (see) :「見る」という意味
　　What are you looking at ?
　　（あなたは何を見ているのですか）
　　I'm looking at the frogs in the pond.
　　（私は池のカエルを見ている。）

そのほかによく出てくるのは、
look for; 探す・look after　面倒をみる
　　What are you looking for ?
　　（あなたはなにを探していますか。）
　　I'm looking for a ¥500 coin.
　　（私は500円玉を探しています。）
　　Who looks after your parents ?
　　（誰があなたの両親の面倒をみていますか。）
　　I do.（私がみています。）

look forward to;「楽しみにしている」
　　The children are looking forward to New Year's Eve.
　　（子供たちは大晦日を楽しみにしています。）

look like; ように見える、rain, snow, a fine day はよく使われる。
　　It looks like rain.　　（雨が降りそうだ。）

15
Run
(走る・立候補する・経営する)

Mr Sato runs a restaurant and his son is an Olympic athlete. He runs the 100m in 10.09 seconds. His elder brother is going to run for the General Election.

佐藤さんはレストランを経営し、そして彼の息子はオリンピック選手です。 彼は100mを10.09で走ります。彼の兄は総選挙に立候補します。

run , ran ('rʌn, 'ræn) 走る (現在と過去)

restaurant ('restərənt) レストラン フランス語のようにtを発音しない人もいる。

Olympic athlete (ə'limpik 'æθli:t)
　　　　　　　　　オリンピック選手
General Election ('dʒenərəl i'lekʃən)
　　　　　　　　　総選挙、国政選挙

... runs a restaurant ... レストランを経営する
Mr Tanaka runs a small market and sells almost everything.
（田中さんは小さなマーケットを経営していて、ほとんどなんでも売っている。）

... runs the 100m ... （... 100m を走る）
Athlete Kiryu ran the 100m in 9.98 seconds..
（桐生選手は 100m を 9,98 秒で走った。）
Taro runs the Tokyo Marathon.
（太郎は東京マラソンを走ります。）

... run / stand for 選挙に立候補する
Miss Y. Koike ran / stood for the Tokyo governorship and won the election.
（小池百合子氏は東京都知事選挙に立候補して当選した。）

他に日常会話によく出てくる run。
The policeman is running after a pickpocket.
（警官がスリを追いかけている。）
The trains run every three minutes on the Yamanote line.
（山手線では電車は 3 分おきに走ります。）
He was run over by a car.
（彼は自動車にひかれた。）
Someone has left the water running.
（誰かが水を出しっぱなしにした。）
We have run out of rice.
（我々は米を食べ尽くした / 米が底を突いた。）

16
Drowning (でき死)

While a boy was playing at the beach huge waves washed him away. He was seen being tossed up and down in the waves. A man jumped into the sea to help him but both were drowned.

　一人の少年が海岸で遊んでいると大きな波にさらわれました。彼は波間に沈んだり浮かんだりしているのが見えました。一人の男性がその少年を助けるため海へ飛び込みました。しかし二人ともでき死しました。

boy ('bɔi)　少年　not「ボーイ」
playing ('pleiing) 遊んでいる　注;ii と二つ、
　　　　　　　　　　　　studying も同じ
washed ('wɔʃt) wash (洗う) の過去形　注; ʃt
tossed ('tɔst) toss (トス) の過去形　注; st
jumped ('dʒʌmpt) jump (ジャンプ) の過去　注; pt
both ('bouθ)　両方の　　　　　注;ou
drowned ('draund) drown (おぼれる) の過去形・
　　　　　　　　　　　　　　　過去分詞

... washed him away.（波が彼をさらった）　日本では「さらわれた」というほうが一般的です。

A huge whale was washed ashore on the beach this morning.
（今朝、大きなくじらが岸に打ち上げられました。）

My home has been washed away by the flood.
（私の家はその水害で流された。）

... being tossed...「トスが悪い、良い」と日本語になっています。波間に浮いたり沈んだりしている状況を英語で本文のようにいいます。よく使うのは、

Let's toss a coin to decide.
（コインを投げて決めよう。）

I tossed her an apple.
（私は彼女にリンゴをトスした。）

.. both were drowned（二人ともでき死した）
英語の drown は「おぼれて死んだ」という意味です。

In the summer many people are drowned in the sea, lakes and rivers in Japan.　（日本では、夏に多く人たちが海・湖・川で水死します。）

日本語の「おぼれた」は、nearly を入れる。

He was nearly drowned.（彼はおぼれた。）
しかし、助かったという意味。

17
Make (作る・..を..にする)

What are you doing George? I'm making some cakes because it's your birthday tomorrow. Are they for me? That is nice of you, you always try to make me happy.

ジョージあなたは何をしているのですか。ぼくはケーキを作っているのですよ、明日はあなたの誕生日でしょう。私にくれるケーキ。ありがとう、あなたはいつも私をよろこばせてくれますね。

George (ˈdʒɔːdʒ)　名前（男性）

birthday (ˈbəː θdei) 誕生日　注；bəː

tomorrow (təˈmɔrou)　明日　注；rou

try (ˈtrai)　　試みる　　「ト」ではない

happy (ˈhæpi)　幸せ　　注；hæ

... some cakes　こういうセンテンスでは some をつけます。

I'm baking some biscuits.
　　（私はビスケットを作っています。）
I'm making some ice cream.
　　（私はアイスクリームを作っています。）

否定文や疑問文では any を使います。
I'm not baking any biscuits.
　　（私はビスケットを作っていません。）
Are you making any biscuits?
　　（あなたはビスケットを作っていますか。）

That is nice of you.（ご親切にありがとう）　実際の会話では次の英文をよく使います。"Thank you" にちょっと一言加えるだけです。
It's kind of you.
It's nice of you.
It's thoughtful of you.（ちょっと氣を配られたとき）　すべて「ありがとう」という意味です。

makes me happy / feel better
　　（.... 私を幸せに／いい気分にする　）
He makes me angry.
　　（彼は私を怒らせる。）
This tea has made me feel better.
　　（このお茶で気分が良くなった。）

18
As ... as (... と同じ)

This is my son, Tom. He is 12 years old and nearly as tall as me. He learns chess but is not as good as me. We are going to play it this afternoon.

これは私の息子トムです。彼は12歳で、ほとんど私とおなじくらいの背丈です。彼はチェスを習っていますが、私ほど上手ではありません。私たちは今日の午後チェスをします。

son ('sʌn) 息子

Tom ('tɔm) トム (男子)

12 ('twelv) 12

as tall as ('æz 'tɔ:l 'æz) 同じくらい高い

learns ('lə:nz) 習う、学ぶ 三人称　注；lə:

age 年齢、普通は old, age を使います。
>　How old are you?
>　What is your age?
>　　（あなたは何歳ですか。）
>　My baby is 7 months old.
>　　（私の赤ちゃんは７カ月です。）
>　I just turned 10 last month.
>　　（ぼくは先月１０歳になったばかりです。）

... as tall /well as ...　（同じくらい高い ／ 良い）
>　This building is as tall as that tower.
>　　（このビルディングはあの塔と同じくらい高い）
>　I am not as poor as he is.
>　　（私は彼ほど貧乏ではない。）
>　He works as hard as a robot.
>　　（彼はロボットと同ようによく働く）

... play chess ...　（チェスを指す）play はゲーム・芝居等に使います。
>　He can play both shougi and igo.
>　　（彼は将棋も囲碁も指すことができる。）
>　I play tennis every Sunday.
>　　（私は日曜日にはテニスをします。）
>　He is going to play Hamlet.
>　　（彼はハムレットを演じます。）
>　We are fond of play.　　名詞
>　　（我々は遊ぶのが好きだ。）

19
A burglar /a thief
(夜の泥棒・昼の泥棒)

At midnight a masked man climbed over the fence and broke into the house. He stole gold and money and he set the house on fire as he left.

真夜中、覆面をした男が塀を登り越えてその家に侵入しました。彼は金やお金を盗んで去るとき家に火をつけました。

burglar (ˈbə:glə) 夜中の押し入り強盗、昼間の
　　　　　　　　　泥棒を a thief と言います。
masked (ˈmɑ:skt) マスクをした　注; skt

broke into (ˈbrouk ˈintu) … が押し入った
climbed (ˈklaimd) klimb (登る) の過去形
gold (ˈgould) 金　　注; gou
stole (ˈstoul) steal (盗む) の過去形
fire (ˈfaiə) 火　　　　注; ə
注 :as は when という意味、事態が連続する場合。
　The phone rang just as I left my home.
　　(家を出たそのとき電話が鳴った。)

climb; 木や山に登る
> The boy climbed a tree, a branch broke and he fell down.
>> (その少年が木に登ったら枝が折れ、彼は下に落ちました。)

fire（火）誰もこの英語は知っていますが、発音がわりに難しい。また fire か a fire がこんがらかるが、次の英文で OK です。
> The house is on fire.
>> (その家が燃えている。)
> Wooden houses catch fire quickly,
>> (木造家屋はすぐ燃えはじめる。)
> The enemy set fire to the village.
>> (敵はその村に火をつけた。)

戦いで、
> They opened fire.
>> (彼らは射撃を始めた。)

a fire は火事・たき火等。
> There is a fire on the other side of the river. （川の向こうで火事だ。）
> Make a fire. （火をおこしなさい。）
> Light the fire.
>> (暖炉に火をつけてください。)
> May I have a light, please.
>> (タバコの火をかしてください。)

20
Present perfect (現在完了)

I've finished my work so now I'm going to see Anne at the station. I haven't seen her for three years. I've changed a lot, also I'm married and have twin babies.

仕事が終わった。さあ、私は今からアンに会うために駅へ行きます。私は彼女に3年間会っていません。私は結婚をし、双子の赤ちゃんがいるしずいぶん変わりました。

finished (ˈfiniʃt) finish (終わる) の過去・過去分詞 注；ʃt

work (ˈwəːk) 仕事 ポイントはW

see (ˈsiː) 会う、見る ポイントはS

haven't (ˈhævnt) have not 注；hæ

married (ˈmærid) marry (結婚する)の過去、過去分詞 注；æ

also (ˈɔːlsou) また 同様に 注；sou

twin (ˈtwin) 双子 注；tw　T Wで練習

I've finished my work... (私は仕事が終った。)
日本語で「... た。... たことがある。」で文が終わる場合、英語では完了形を使います。しかし、「いつかわかる言葉 (yesterday, last year...etc) が入っている場合は過去形にします。もちろん、明らかに過去の話の場合は過去形です。

朝１０時頃、相棒が元気がなかったら。

Have you had your breakfast?
(朝ごはんを食べたのかね。)

朝１１時半ごろは、

Did you have your breakfast?
(朝ごはんを食べたのかね。)

Have you seen a ghost?
(あなたは幽霊を見たことがありますか。)

Yes, I saw a ghost 3 years ago.
(はい、私は３年前幽霊を見ました。)

Have you climbed Mt Fuji?
(富士山に登ったことがありますか。)

Yes, I have.
(はいあります。)

「... へ行ったことがある」は have been を使う。

I have been to London.
(私はロンドンへ行ったことがある。)

She has gone to London.
(彼女はロンドンへ行った。) まだ帰ってこない場合。

Has he gone to school?
(彼は学校へ行きましたか。)

21
Comparison (比較)

The earth is larger than Venus, Jupiter is larger than the earth so Jupiter is the largest planet of the three. The earth is more beautiful than Venus or Jupiter so the earth is the most beautiful planet of them all.

地球は金星より大きい。木星は地球より大きいので木星は三つの中では一番大きい惑星です。地球は金星や木星より美しいので地球は三つの中では一番美しい惑星です。

The earth (ˈði ˈəːθ) (地球)　the は発音が母音の前では ði と発音する。
than (ˈðæn) ... よりも (比較級に使う)　注; æ

Venus (ˈviːnəs)　ビーナス　金星
Jupiter (ˈdʒuːpitə)　ジュピター　木星
planet (ˈplænit)　惑星　注; nit
beautiful (ˈbjuːtəfəl)　美しい、最初は B の唇

「地球は金星よりも ...」or「地球が一番だ ....」という場合、hot, short というような短い語には er, est をつけます。

The Shinano is longer than the Tone
The Shinano is the longest river in Japan.
　　（信濃川は利根川より長い。信濃川は日本で
　　　一番長い川です。）

difficult のような長い語の場合は、比較は more, 最上級は most を使います。

Mt Fuji is more difficult than Mt Aso to climb. Mt Tanigawa is more difficult than Mt Fuji to climb so Mt Tanigawa is the most difficult mountain to climb of the three.
　　（富士山は阿蘇山より登るのが大変だ。谷川岳
　　　は富士山より登るのが大変なので、この三つの
　　　山の中では谷川岳が最も登山が困難な山です。）

注： the earth や the sun には the がつきます。
　　　この世に一つしかないからです。しかし Venus
　　　（金星）や Jupiter（木星）は the がつきません。
　　　それは神話の神様の名前なので地名。 恵比須・
　　　布袋・大黒天 ... 日本では様をつけますが英語は
　　　なにもつけません。。

　　the Shinano は地名にもかかわらず the がつきます。これはいちいち river というのは面倒、しかし、山のように省略文字も無いので the を river の代わりにした。Mt は mount（mountain）の省略。

22
Any, some (いくつか)

I asked Doris if she had any strawberries and she said yes, she had some. I then asked her if she had any brandy but she didn't but she did have some whisky so I said that would do.

私がドリスにイチゴがあるかと聞くと、えぇ、いくつかあると言いました。それから私はブランディーがあるかと聞くと、彼女はブランディーはないが、ウイスキーがあると言いました。それでいいよと私が言いました。

asked ('ɑːskt)　ask（尋ねる、聞く）の過去・過去分詞

Doris ('dɔris)　ドリス（女）

strawberries ('strɔːbəriz)　イチゴ（複）

brandy ('brændi)　ブランディー　注；bræ

haven't ('hævnt)　have not　注；hæ

any「・・・がありますか」、「・・・を持っていますか」と問い尋ねるとき（疑問文）、または「・・・がありません」、「・・・を持っていません」 というとき（否定文に）に使います。

any water, any oilと数えられない名詞はそのまま、数えられる名詞は any apples, any people と複数形になります。

some（「・・・があります。」、「・・・を持っています。」というとき（肯定文）に使います。使い方は any と同じです。)

Do you have any strawberries ?
（あなたはイチゴを持っていますか。）
Yes I have some. (strawberries)
（はい、持っています。）
No I haven't any. (strawberries)
（いいえ、持っていません。）strawberries は省略

some を疑問文に使うケースもあります。好意として、ものをすすめるとき。会話にはよく出てきます。

Would you like some beer?
（ビールをいかがですか）
Yes, please, （はい、いただきます。）
No, thank you. （いいえ、結構です。）
この please と thank you が会話では一番大切。

some は about（約）という使い方もあります。
I waited for her some (for) three hours.
（ぼくは、彼女をあれこれ3時間待ちました。）
しかし、実際の会話では for を使います。

23
Please can you……
(道を尋ねるときの聞き方)

Please can you tell me where I can find a restaurant that serves good spaghetti. Yes, I know a good one. Walk down this street for a few minutes and then turn left just before the crossing. You'll soon see it, it's the one on the right

　すみませんが、おいしいスパゲティーのレストランを教えてくださいませんか。いいですよ、良いレストランを知っています。この道を数分行って交差点の手前で左に曲がってください。すぐわかります。右側のレストランです。

restaurant (ˈrestərənt)　レストラン
serves (ˈsəːvz)　本文では「調理した料理を出す」。
spaghetti (spəˈgeti)　スパゲティー
turn (ˈtəːn)　曲がる　　注 ; təː　tə:
You'll (ˈyuːl)　you will の略
minutes (ˈminits)　minute (分) の複数形
crossing (ˈkrosiŋ)　交差点

Please can you tell … ?（すみませんが、・・を教えてください。） will ではなく can を使ってください。やさしい響きになるからです。

Walk down this street …..
（この道を行きなさい。）
道を歩くというのは walk along ／ down といいます。歩くだけではなく、道端という感じでも使います。
This cat lives down the road.
（この猫は道端に住んでいます。）

the one;（この場合は、the spaghetti restaurant）
同じ言葉を避けるため one を使います。
Where is your car ?
It's over there, it's the blue one.
（あなたの車はどこですか。）
（向こうのあの青い車です。）

on the right（右側）on は「上」以外にいろいろなケースで使われます。このケースで特に会話にでてくるのは、on the left（左側）、on both sides（両サイド）
In Japan cars travel on the left.
（日本では車は左側を走ります。）
In Japan people walk on the right.
（日本では人は右側をあるきます。）
Which side are you on?
（あなたはどっち側ですか。） 争いのケース

24
Can't be (... はずがない)

"Isaac, can I borrow £100 ?
I don't have much money left."
"You can't be short of money, we were paid last week'."
"My mother has had a car accident in Paris and I must go and see her."
" It can't be true."
" Yes, sadly it is."

「アイザック、100ポンド貸してくれませんか。」
「私はお金があまり残ってないのです。」
「お金がないことはないでしょう。先週給料をもらったんだから。」
「母がパリで自動車事故に遭って、私は彼女に会いに行かなければなりません。」
「でたらめにきまっている。」
「悲しいかな本当です。」

Isaac ('aizək) 名前（男性）
accident ('æksidənt) 事故　注：æ
sadly ('sædli) 悲しいかな

left; leave (残す) の過去分詞を使って、
> I have a little money left so let's have a glass of beer.
>> (私は、お金がまだ少しあるからビールを一杯飲もう。)
>
> There is some whisky left in the bottle.
>> (このビンにはいくらかウイスキーが残っています。)
>
> There was nothing left over.
>> (なんにも残っていない。)

short of .... 少ししかない。
> We are short of food.
>> (我々は食糧が少ししかない。)
>
> We are short of salesmen.
>> (我々は販売員が足りない。)
>
> We are short of gasoline.
>> (ガソリンが少なくなった。)

すっかり無くなったは、
> We have run out of money.
>> (我々はお金を使い果たした。)

It can't be true.
> (true を強く) 否定する言い方、「本当のはずがない」・「嘘でしょう」という感じ。)

You can't be hungry, we only had lunch an hour ago.　　普通 we を使う
> (あなたは1時間前に昼ごはんを食べたのだから、お腹がすいてるはずがないでしょう。)

25
Will 助動詞（未来）

I failed the exam last year but I'm going to take it again tomorrow. If I don't pass I will give up. Could I have my supper earlier than usual so I can go to bed early.

ぼくは去年試験に失敗したが、明日また試験を受けてみる。もし失敗したら、ぼくはあきらめる。夕食はいつもより早く食べて、早く床につきます。

failed ('feild) faile (しくじる)の過去・過去分詞
exam (ig'zæm) (examination の省略)
will ('wil)
pass ('pɑːs) 受かる　　　　注；pɑː
today (tə'dei) 今日
supper ('sʌpə)　　夕食　注；pə
early ('əːli) 早い　　　　　注ə
I'll ('ail) I will の略
won't ('wount) will not の略

will；未来のことをいう場合に使います。
>   Tomorrow will be my birthday.
>   　（明日はぼくの誕生日だ。）　単純未来形
>   I'll go to America to study law next year. 意志未来形
>   　（ぼくは、法律を勉強するため来年アメリカへ行きます。）
>   The bus won't come today because of heavy snow.
>   　（バスは大雪のため今日は来ません。）
>   You will be sorry for it later.
>   　（あなたは後でそれを後悔しますよ。）

日常会話でよく言うのが、（思うようにいかないとき）
>   The door / window won't open.
>   The door / window wouldn't open.
>   　（そのドアー / 窓は全く開かない。）
>   The car won't start.
>   The car wouldn't start.
>   　（その車はエンジンがかからない。）
>   　　　　wouldn't は won't より強い言い方。

人にお願い、or ていねいに命令をするとき、
>   Will you do this?
>   　（これをしてくださいませんか。）
>   Yes, I'll do it at once.
>   　（はい、すぐします。）
>   Will you open the window, please?
>   　（窓を開けてください。）

26
Would
(will の過去、好意でものをすすめるとき)

How about your exam ? I thought I would fail it but I have passed. Congratulations! Tell me more. Would you like a cup of tea? Yes, please. Would you like some sugar ? No, thank you.

試験はどうでした。ぼくはダメだと思ったが受かった。おめでとう。もっと話してください。お茶をいかがですか。はい、いただきます。砂糖を入れますか。いいえ、けっこうです。

exam (igˈzæm) 試験 (examination) の略

How about (ˈhau əˈbaut) どうですか

thought (ˈθɔːt) think (思う) の過去・過去分詞

congratulations (kəngrætjuˈleiʃənz) おめでとう

thank you (ˈθæŋ ˈkjuː) (ありがとう) 注 ; θæ

Would you   Would you
sugar (ˈʃugə) 砂糖   注 ; gə

過去形で始ま文は次の動詞も過去形・過去分詞形になる。
I thought I would fail the exam.
（私は試験に落ちると思った。）
現在形で始まる文は未来形も過去形も使えます。
I think I will fail the exam.
（私は試験に落ちるだろうと思う。）
I think he failed the exam.
（ぼくは彼が試験に失敗したと思う。）

congratulations（おめでとう）という場合は s をつけます。カードの場合は s をつけません。
a card of congratuation
（お祝いのカード）
贈り物の場合は'、
I bought him a gift for his graduation.
（私は彼に卒業祝いを買った。）

Would you like…（…はいかがですか）と勧めるときの典型的な言い方です。
Would you like a glass of beer ?
（ビールを一杯いかがですか。）
Yes, please （はい頂きます。）　please が必要

would は if（もし…）というときよく出てきます。
What would you do if he proposes to you ?
（もし、彼がプロポーズしたらあなたはどうしますか。）

27
May
(文頭につけ、ていねいな言い方)

May I help you sir? Yes, I want to order a couple of shirts. I have become much fatter than I used to be. Well, may I measure your collar and chest size? Yes, please.

いらっしゃいませ、お手伝いいたしましょうか。お願いします。私はワイシャツを二枚あつらえたい。私は以前よりずっと太りました。それでは、襟と胸囲を計りましょうか。お願いします。

couple (ˈkʌpl) 二つ　注；pl

shirt (ˈʃəːt) シャツ　　注；t

use (ˈjuːz) 使用する（動詞）　(juːs) 使用（名詞）
uses (ˈjuːziz) 動詞3人称
used (ˈjuːzd) 動詞（過去形）
used to (ˈjuːstə)　形容詞 … よくしたものだ、
collar (ˈkɔlə) 襟、カラー
colour (ˈkʌlə)　色
デパート・商店では本文のようなやりとりが普通です。
男性客には Sir、女性客には Madam

May I help you Sir / Madam?
(いらっしゃいませ、お手伝いいたしましょうか。)
Yes, please. (えぇ、おねがいします。)
No, thank you! I just want to look around.
(いいえ結構です。私はちょっと見て回りたい。)

a couple of（二つという意味ですが、実際の会話では two より頻繁に使われます。）
He has been absent for a couple of weeks.
(彼は二週間休んでいます。)
He has emptied a couple of whisky bottles in an hour.
(彼は一時間で二本のウイスキーのビンを空にしました。)

I have become …（・・・になった）過去から始まって現在になったのだから現在完了。
He has become much richer than he used to be.
(彼は以前よりずっと金持ちになりました。)
It has become hotter /cooler. / colder.
(暑く / 涼しく / 寒くなった。)
His affair has become known.
(彼の浮気がばれた。)
He has gone blind. (彼は盲目になった。)
※身体に変化が起きた場合は go を使います。

28
Have / has to, must
(…. しなければならない)

Why are you working so hard Jack ? I have to finish the task by today because I must meet the deadline tomorrow morning.

ジャック、あなたはなぜそんなに一生懸命に働いているの。私はこの作業を今日中に仕上げなければならない。なぜなら明朝の納期に間に合わせなければならないからだ。

hard ('hɑːd) 精を出して、堅い 注 ;d

must ('mʌst, məst) (・・・ならない) 注 ; st

so ('sou) そう 注 ; ou

working ('wəːkiŋ) 働いている 注 ; wəː

Jack ('dʒæk) ジャック（男）

task ('tɑːsk) 作業 注 ; sk

deadline ('dedlain) デッドライン・締切期限

I have to ……（…… しなければならない）
日常会話ではこの have ／ has to は頻繁に出てきます。

I have to do my shopping.
（私は買い物をしなければならない。）

She has to do the washing up.
（彼女は洗い物をしなければならない。）

I have to work this coming Sunday.
（私は今度の日曜日に働かなければならない。）

I don't have to get up early tomorrow morning.
（私は明日の朝早く起きなくてもいい。）

must …（….. しなければならない、have ／ has to より強い気持ちが入っている。）

I must catch the 9,30 train.
（私は９時３０分の汽車に乗らなくてはならない。）

I must attend the meeting tomorrow.
（私は明朝のミーティングに出席しなければならない。）

You mustn't park the car here.
（あなたはここに車を止めてはいけません。）

deadline（締切期限、デッドライン）と日本語になっています。

The deadline for the report is 21st.Feb.
（論文の締切期限は２月２１日です。）

The deadline set by the UN is Oct 10th.
（国連で設定されたデッドラインは 10 月 10 日です。）

29
Until, by (... まで)

"I'm going fishing," "Are you Peter?"
"When will you ome back?"
"I'll be back home by 5 o'clock."
He has thrown a fishing line out many times but caught nothing and He kept trying until 7 o'clock.

「ぼくは魚釣りに行きます。」「出かけるのピーター。」「いつ帰ってきますか。」「ぼくは5時までには家に帰ってきます。」
　彼は何度も糸を垂らしましたが、一匹も釣れず7時までがんばりました。

fishing ('fiʃiŋ) 魚釣り
until (ən'til) ずーと ... なになに ... まで
back ('bæk) (本文では戻る)　注；bæ
threw ('θruː) throw（の投げる）の過去形
caught '(kɔːt) catch（捕まえる）の過去・過去分詞
tried ('traid) try（試みる）の過去・過去分詞
　　　　　　　　　　　　　注；tra

until , by (.... まで) という日本語でぴったりきまる簡単な英語です。) until は「ずーと」の感じがあります。

He sleeps until 10 o'clock every day.
(彼は毎日 10 時まで寝ています。)
She gets up by 8 o'clock at the latest.
(彼女は遅くても 8 時までには起きます。)
I'll wait here until the rain stops.
(私は雨が上がるまでここで待っている。)
The rain will stop by the evening.
(雨は夕方までにはやむだろう。)

魚釣は、
I am fishing. (私は魚を釣っています。)
I'll go fishing in the river.
(ぼくは川へ釣りに行く。)
釣れたら catch をつかいます。
I've caught a large carp.
(私は大きなコイを釣った。)
I've nearly caught a salmon.
(ぼくはサケを釣り損ねた。)

魚釣りは fishing。釣り人は an angler。
漁師は a fisherman, fishermen。

名詞の fish は普通は単数形です。一匹、二匹という場合は、a fish, 2 fish と言います。(複数でいう人もいます。) a carp, 2 carp a salmon. 2 salmon a goldfish, 2 goldfish, 2 sardines 例外、いわし

73

30
Passives (受動態)

Who has broken this beautiful glass ? It broke by slipping out of my hand.

It was given to me by Emily. She bought it in Venice on her honeymoon.

誰がこの美しいグラスを壊したのですか。私の手から滑り落ちて壊れました。

これはエミリーからもらったのです。彼女はハネムーンのベニスでこれを買ったんです。

glass ('glɑːs) コップ

slipping ('slipiŋ) …すべっている状態

Emily ('emili) エミリー （女性）

Venice ('venis) ベニス

her ('həː) 彼女の

honeymoon ('hʌnimuːn) 新婚旅行

英語は受動態のセンテンスが多いです。（特に感情を表現する場合）形式は簡単です。be 動詞（am, are, is）＋過去分詞、会話によく出てくる受動態のセンテンス。

This temple was built in 1475.
　（この寺院は 1475 年に建立された。）

Midori was stung by a bee.
　（みどりはハチに刺された。）

I was born on the 7th Oct, 1995.
　（私は 1995 年 10 月 7 日に生まれました。）

I was pleased to hear the news.
　（私はそのニュースを聞いて嬉しかった。）

I was surprised to learn of his death.
　（私は彼の死亡を知り驚いた。）

He was shocked at the news.
　（彼はそのニュースがショックだった。）

He is always excited at a match.
　（彼はいつも試合でエキサイトする。）

My camera was stolen on the train.
　（私のカメラが汽車の中で盗まれた。）

He was shot to death.
　（彼は射殺された。）

I'm worried about my son's future.
　（私は息子の将来を心配している。）

She was invited to the party.
　（彼女はそのパーティーへ招待された。）

I was caught in the rain.
　（私は雨に降られた。）

31
Relative pronouns（関係代名詞）

Mr King is one of the painters who painted a picture of the garden of Eden. This is the snake which misled Eve.

That is the apple that was eaten by Eve.

　キングさんはエデンの園の絵をかいた画家の一人です。これがイブをたぶらかしたヘビです。これがイブに食べられたリンゴです。

painters ('peintəz) 画家たち
garden ('gɑːdn) 庭　注：dn
Eden ('iːdn) エデン
Eve ('iːv) イブ
Adam ('ædəm) アダム
misled ('misled) mislead（迷わす）の過去・過去分詞
apple ('æpl) （りんご）　注；æ
eaten ('iːtn) eat（食べる）の過去分詞

whoは人に使う語です。一つの文に同じ人が出てくると聞き苦しいのでwhoを使います。

Mr King is a painter.
（キングさんは画家です。）
Mr King painted a picture of Eden,
（キングさんはエデンの園の絵をかいた。）

上の二つの文を一つの文にするにはwhoを使います。こういう絵をかいた画家は大勢いるので「one of the painters　画家の一人」となります。

人以外はwhich・that（人に使うこともある）を使います。

This is the company that offers the highest salary in Japan.
（これが日本で一番高い給料を出す会社です。）
Nicky is one of the horses that earns a lot of prize money.
（ニキーはたくさん賞金を稼ぐ馬の中の一頭です。）
A snake has caught a frog that lives in the pond in my garden.
（ヘビが私の庭の池のカエルを捕らえました。）

注；本文のthe snakeは絵の中のヘビなのでthe snake。前文のヘビは聞き手には始めてのヘビなのでa snake。　もし、庭に一匹しかいないヘビならthe snake。聞き手はそのように解釈する。

32
Where (場所の後) / when (時の後)

I know the place where I can find a lot of matsutake. We can go matsutake hunting so tell me the date and time when you are free.

私は、松茸がたくさん生えている所を知っている。まったけ狩りに行こう。あなたの都合のいい日と時間を教えてください。

place ('pleis) 場所　　　　　注; s
find ('faind) 見つける　　　　注; d
where ('weə) 場所の前につけて二つの文をつなぐ
when ('wen) 時の前につけて二つの文をつなぐ
go ('gou)　　　　行く　　　注; ou
know ('nou)　　知っている　注; ou
so ('sou) そう　　　　　　　注; ou
hunting ('hʌntiŋ) 狩り

注; the place は世界に一つしかない場所なので the place、聞き手はちゃんと納得できる。the date and time も一つしかないので the がつく。

whoを関係代名詞として使うように、when whereを関係副詞として使います。whenの前には年・月・日・時間がきます。whereの前には場所がきます。、実際の会話ではthatも使います。

> Sunday is the day when I can stay in bed until10 o'clock.
> （日曜日は、私が十時まで寝ていることができる日だ。）

> I was born in the year when the last war started.
> （私は、前の戦争が始まった年に生まれた。）

> I can't find the place where I hid my money.
> （私はお金をどこに隠したかわからない。）

> Do you know a school where I can learn Arabic?
> （アラビア語を学べる学校を知っていますか。）

欧米の高級キノコはトリュフです。

> The truffle is the diamond of fungi.
> （トリュフはキノコのダイヤ。）

と呼ばれています。豚や犬がtruffle huntersとして訓練されています。

> The animals smell out truffles.
> （その動物たちはトリュフをかぎあてます。）

注；the truffle, the diamondは代表のthe。

33
Among, between (..... の間)

He likes sitting between Ellen and Isabel. In fact he is fond of the company of girls and feels very happy talking among them.

He lives in a house between large buildings and wants to live in a house among trees.

　彼は、エレンとイザベルの間に座るのが好きです。実際、彼は女性が好きで女性たちの中でおしゃべりしていると、彼は大変いい気分になります。
彼は、大きなビルディングに挟まれた家に住んいるので、樹木に囲まれた家に住みたいと願っています。

sitting ('sitiŋ) 座っている、注 ;s
between (bi'twi:n) ... の間
Ellen ('elin) エレン (女性)
Isabel ('izəbel) イザベラ (女性)
fond ('fɔnd) 好きで　be fond of / like 注 ; d
among (ə'mʌŋ)　 三つ以上の中で　注 ; mʌ

between ／ among
 between は二つの間、among は三つ又はそれ以上ということなので簡単だが、そうはっきり言えないケースがあります。次のように考えてください。
 境がはっきりしていれば between。
 境がはっきりしていなければ among。

Divide the cake among children.
 (そのケーキを子供たちで分けなさい。)
Divide the cake between the three children.
 (そのケーキをそこの三人の子供たちで分けなさい。) 人数がはっきりしている。
The train runs between Ueno and Mito.
 (その汽車は上野・水戸間を走ります。)

The difference between A and B (AとBの違い)
Can you tell the difference between an alligator and crocodile?
No, I can see no difference between them.
Indeed, it is not easy to tell them apart.
 (あなたは、アリゲーターとクロコダイルの違いが分かりますか。
 いいえ、私は違いは分かりません。
 本当に、彼らを見分けるのは容易じゃない。)

34
play sports (スポーツをする)

Do you play sports? Yes, I play ping-pong and practice karate. My sister plays tennis. Many of my friends play either baseball or football . (sometimes known as soccer) Jack boxes, Ken runs Marathon.

あなたはスポーツをしますか。はい、私は卓球と空手をします。私の妹はテニスをします。私の友達の多くは野球かフットボールをします。(サッカーとも言います。) ジャックはボクシングをし、ケンはマラソンを走ります。

ping-pong ('pinŋ-pɔŋ) ピンポン
baseball ('beisbɔːl) 野球
football ('futbɔːl) サッカー
soccer ('sɔkə)   注; sɔ
Marathon ('mærəθən) マラソン
boxes ('bɔksiz) ボクシングをする (三人称)
practice ('præktis) 練習・練習する

playの使い方、「遊び」という意味
We all like to play.
　（我々はみな遊ぶのが好きです。）
We used to play Tharzan when we were children.（我々は子供の頃ターザンごっこをよくしたもんだ。）
My daughter likes to play with her dolls.
　（私の娘は人形と遊ぶのが好きだ。）

「game（ゲームをする）」
We play tennis every Sunday.
　（我々は日曜日はいつもテニスをします。）
They are playing baseball.
　（彼らは野球をしています。）
He likes playing a joke on us.
　（彼は我々にいたずらをするのが好きです。）

チェス、将棋、囲碁等もplayを使います。
I play shougi with Saburou.
　（ぼくは三郎と将棋をします）

楽器を奏でる、芝居・映画で役を演じる
She plays the violin / piano.
　（彼女はバイオリン / ピアノを弾きます。）
He plays Hamlet at the ABC theatre.
　（彼はABC劇場でハムレットを演じます。）

35
I wish, if (..したらなぁー、もし)

I wish I spoke English. If you want to speak English, you have to practice it. Yes, I know but if I could speak it well I would be able to drive round North America this summer.

　ぼくは英語をしゃべることができたらなぁ。もし英語をしゃべりたいなら、英語を練習しなけければだめですよ。よくわかっていますよ、しかし、もし英語が上手にしゃべれたら今年の夏、北アメリカをドライブすることができるのだがなぁ。

wish ('wiʃ)　本文では「・・・できたらなぁ、」
spoke ('spouk) speak（話す）の過去　注;pou
practice ('præktis)　練習する　注;p
drive ('draiv) 運転する　注; D の d、
would ('wud) will の過去　　注;w
round ('raund) 円, 丸い、回って
North ('nɔː θ) 北, 北の　　　　注; nɔː

I wish 主語+過去形 ...(・・・できたらなぁ、だったらなぁ)と非現実的なことを言いたいときに使う。
> I wish I won ¥100m in a lottery.
> (宝くじで一億円当たったらなぁ。)
> I wish you would stop drinking.
> (あなたが酒を飲むのをやめてくれたらなぁ。)

If you ... 「もし...」と言いたいときはIfで言う。
> If you want to pass the exam, you have to study.
> (もし、試験に受かりたいなら勉強しなければならない。)
> If you walk down this road, you'll see the park soon.
> (もし、この道を行かれますと、公園がすぐ見えてきます。)

「もし...だったなら」と現実と反対なことをいう場合。
> If I were rich, I would buy this car.
> (もしぼくが金持ちならこの車を買う。)
> If I were you, I would say " I'm sorry" to her.
> (もし、ぼくが君なら「すみません」と彼女にいう。)

unless (if...not)「もし...できないなら / しないなら」頻繁に使う。
> Unless it rains tomorrow, I'll go fishing.
> (もし、明日雨が降らないなら、ぼくは魚釣りに行く。)

a / an, the　　　THEがよくわかる本　参考

a / an, the は名詞につきます。名詞には一つ二つと数えられるもの（リンゴ・犬・子供等）countable noun (c) と言い、一つ二つと数えることができないもの（ミルク・水・空気等）を uncountable noun (u) と言います。

● 数えられる名詞（c）

テーブルの上に数個の apples があります。（複数なので s がつきます。）　Mr Boodle は毎日リンゴを食べます。

Will you give me an apple, please?

　　　（リンゴを一つください。）

どれでもいい一つのリンゴです。(one of many) ところが今日は、

Will you please give me the apple you dropped this morning?

　　　（あなたが今朝落としたリンゴをください。）

と言いました。an apple ではなく the apple と言いました。この少しへこんだリンゴはこの地球上に一つしかないから the apple。(one and only) と言います。

駅と汽車では、

I'm going to the station to catch the 9.30 train.

　　　（私は9時30分の汽車に乗るために駅へ行きます。）

この駅は地球上に一つしかないから the station、9時30分に駅に到着する汽車も一つしかないから the 9.30 train、one and only。

● 数えられない名詞（u）

数えられない名詞（u）は一つ二つと言えないからaもsもつきませが、前文のリンゴや駅のような状態になるとthe がつきます。

The milk in the fridge has gone sour.
　　（冷蔵庫のミルクが腐った。）

この milk は地球上にこれしかないから the milk

Use the water in the bowl.
　　（そのボールの水を使ってください。）

水道の水ではないですよ。この水は地球上にこれだけだから the water。one and only

以上が　a ／ an, the の基本です。後は慣れるだけです。

　ところが、もう一つ格好のいい the が ある。the は一つですよと言っているのだが、今度は全部になる。すなわち全部を代表して出てきた一つ、代表の the。

The teacher in our class is from Scotland.
　　（我々のクラスの先生はスコットランド出身。）

　　この先生は地球上に一人しかいない。しかし

The teacher needs endless patience.
　　（先生は無限の忍耐が必要である。）

この先生は全ての先生のことだ。All teachers なのだが、一人の先生に出てきてもらった方が、ピリッとしてしまりがいいからである。

All who take the sword will die by the sword.　Matthew 26-52　The Bible Societies.
　　（剣をとる者はすべて剣で滅びる。）

このような格好のいいことを言う場合は代表の the がいい。

36
The practce of using the word get
(get の練習)

I'm getting old. When you go out, please get me a bottle of whisky. It's getting so cold. I must get the house warm before the children get home.

　私は歳をとった。お前が外へ出かけるときはウイスキーを一本買ってきてくれ。大変寒くなってきた。私は子供たちが家に帰ってくる前に、家を温めなければならない。

get ('get) いろいろな意味がある、文脈で学ぶ
old ('ould) 老けた、年とった　　　　注;ou
whisky ('wiski) ウイスキー
cold ('kould) 寒い　　　　　　　　注;kou
called ('kɔ:ld) call (呼ぶ) の過去。　注;kɔ:
bottle ('bɔtl) ビン　　　　　　　　注; tl
children ('tʃildrən) child (子供) の複数
warm ('wɔ:m) 温かい　　　　　　　注;wɔ:

　get がたくさん出てきます。「ge ト」にならないように注意してください。

「be 動詞 + getting」は毎日の会話に頻繁に出てきます。old, cold, warm, better ,worse 等と相性がいいです。

> The earth is getting warmer.
>> (地球は温かくなってきている。)
>
> "How is she?"
> "I'm afraid she is getting worse."
> "I'm glad she is getting better."
>> (彼女の具合はどうですか。
>> (残念だが、彼女は悪くなっています。)
>> (うれしいことに、彼女は良くなっています。)

「着く」という意味でも使います。
> We'll soon get to Tokyo.
>> (我々は間もなく東京に着きます。)

get home；home　(多くのケースで house)
を副詞として使うので to がつきません。、
get to my home / house です (名詞として使う)。
> Are you home / at home tonight？副詞
>> (あなたは今晩、家にいますか。)
>
> Make yourself at home.　　副詞
>> (くつろいでください。)
>
> We'll arrive home soon.　副詞
>> (間もなく家に着きます。)
>
> My home is in Hokkaido.　名詞
>> (私の家は北海道です。)

37
How and what (感嘆文)

How poor he is! He has no money, no house and just sleeps at the corner of the street.
What a rich man he is! He has two houses and three cars.

　彼はなんと貧しいんでしょう。彼はお金も家もなく、ただ通りの隅で寝ます。
　彼はなんと金持ちなのでしょう。彼は二軒の家と三台の車を持っています。

poor ('pɔː, 'puə) 貧しい
houses ('hauziz) house の複数形
sleeps ('sliːps) 眠る　sleep, sleeps
money ('mʌni) お金　not マネェー
what ('wɔt) なに、なんの、なんと　注；t
two ('tuː) 二つ、二つの
注；at the corner of the street
　　at a corner of a street .
　　普通彼が寝る場所はきまっているので the、しかし a も可能。

how / what
感嘆文； How 形容詞、What 名詞
　How beautiful Keiko is !
　　（ケイコはなんときれいなのでしょう。）
　What a beautiful girl Keiko is !
　　（ケイコはなんときれいな少女なんでしょう。）
※ *Keiko is so beautiful.*

　How kind Jack is !
　　（ジャックはなんと親切なんでしょう。）
　What a kind man Jack is !
　　（ジャックはなんと親切な男性なんでしょう。）
※ *Jack is such a kind man.*

上記の感嘆文はすべて学校で習ったと思いますが、実際の会話では簡単に斜線のようにいいます。理由は動詞が最後にくることを避けるためです。同じように

　How difficult this question is !
　What a difficult question this is !
　　（この問題はなんと難しいのだろうか。）
※ *This is a really difficult question.*

38
For
(方向・期間等の表現を示唆)

Taro went to Tokyo for an interview. He made a good impression and feeling happy he went to a bar for a drink. It was time for him to catch his train, but he kept on drinking.

太郎は面接のため上京しました。彼はうまくでき、気分がよくなったので一杯やるためバーに行きました。汽車に乗る時間になりましたが、彼は飲み続けました。

went to Tokyo
impression (imˈpreʃən) 印象
happy (ˈhæpi) 楽しい
train (ˈtrein) 汽車　　注；tre
but (ˈbʌt, bət) しかし　　注；t
cut (ˈcʌt) 切る　　　　注；t
catch (ˈkæʧ) 本文では電車・バスに乗る。
drinking (ˈdriŋkiŋ) 飲酒、飲むこと　注；dri

forはいろいろな使い方があります。

It is time for school.
It is time for you to go to school.
(学校へ行く時間ですよ。)

Taro works for ABC motors.
(太郎はABC自動車で働いています。)

It is a present for you.
(これはあなたへのプレゼントです。)

Taro sells the car for ¥500,000.
(太郎はその車を50万円で売ります。)

An eye for an eye.
(目には目を)

I'll leave Tokyo this evening for London.
(私は今晩ロンドンに向けて東京を立ちます。)

The train to Kyoto will start at 7.
(京都行きの汽車は7時に出発します。)

I must work for my living.
(私は生活のために働かなければならない。)

Are you for it or against it.
(あなたはそれに賛成ですか、それとも 反対ですか。)

I waited for her for 2 hours.
(私は彼女を2時間待った。)

He is always asking for money.
(彼はいつもお金をせがんでいる。)

I am looking for my key.
(私はカギを探しています。)

39
Volcanoes (火山)

There are a lot of volcanoes in Japan. Some are erupting and others are sending out smoke. Mt Fuji is a volcanic mountain so it could erupt at any time.

日本には多くの火山がある。噴火しているのもあるし、煙を出しているのもある。富士山は活火山であるからいつ何時噴火するかわからない。

volcanoes (vɔlˈkeinouz) 複数の火山

volcanic (volˈkænik) volcano の形容詞

erupt (iˈrʌpt) 噴火して 注; pt

smoke (ˈsmouk) 煙 注; ou

mountain (ˈmauntin) 山 注;tin

a lot of 又は lots of (many or much と同じ意味で、名詞の複数形や数えられない名詞の前につけます。)
> There are a lot / lots of people in front of the station.
>> (その駅の前には大勢の人々がいます。)
>
> We have a lot / lots of wine at home.
>> (家にはたくさんワインがある。)

Some ... , others .... しゃべってみると簡単に口からでてきます。
> Some are laughing, others are crying.
>> (笑っている者もいるし、泣いている者もいる。)
>
> Some are good, others are bad.
>> (いいのもあるし、悪いのもある。) よく言うのが、
>
> They are neither good nor bad.
>> (良くも悪くもない。)

could は can の過去形ですが、「やろうと思えばできる」という気持ちを表現するときよく使われます。また can よりていねいな言い方をするときも使います。

> He is German but he could speak English.
>> (彼はドイツ人だが、英語を話そうと思えば話せる。)
>
> I could walk 50km a day.
>> (ぼくは一日に 50 km 歩こうと思えば歩ける。)
>
> Could I use your car tomorrow ?
>> (明日あなたの車を使ってもよろしいですか。)

40
Earthquakes (地震)

Earthquakes can occur suddenly, kill people and destroy houses and buildings. When an earthquake happens under the sea it triggers a tsunami.

地震は突然きて人々を殺し、家やビルディングを破壊します。地震が海の下で発生すると津波を引き起こします。

earthquakes ('ə: θkweiks) 地震（複数）
suddenly ('sʌdnli) 不意に　　dn 母音なし
kill ('kil) 殺す
destroy (dis'trɔi) 破壊する　注；tr 母音なし
houses ('hauziz)　house（家）の複数形
occur (ə'kə:)　　起こる　注；最後は ə:
trigger ('trigə) 拳銃の引金を引く、本文では
　　　　　　　「引き起こす」注；tri
under ('ʌndə) ... の下に　注；ʌ, ə

occur（事故・地震等が起こる）
> When did that accident occur?
>> （その事故はいつ起こった。）

The same mistakes occur many times.
> （同じ間違いが何度も起こる。）

また、「ひらめく」という意味でもよく使います。
> A good idea occurred to me while I was listening to the music.
>> （私は音楽を聴いているとき、いいアイディアーがひらめいた。）

trigger 津波や雪崩を引き起こすときに使いますが、中学生の頃なじんだ英語が
> a finger on the trigger （引き金にかけた指。）
> He put his finger on the trigger and pulled it.
>> （彼は引き金に指をかけ、そして引いた。）
> Heavy rain can trigger landslides.
>> （大雨は地滑りを引き起こすことがあります。）

can は「引き起こす可能性があるある」can がないと「引き起こす」ということになる。
> Smoking can damage your health.
>> （喫煙は、あなたの健康に害をもたらすことがあります。）
> Smoking damages your health.
>> （喫煙は、あなたの健康に害があります。）

41
Shall (... いたしましょうか)

The TV says it will rain this afternoon so I have to give up my bird watching. Instead I'm going to play shogi at the Shogi Club. Shall I do the shopping on my way home ?

テレビは、午後は雨が降るだろうといっているからバードウオッチングはあきらめなければならない。かわりに将棋クラブで将棋をすることにする。帰りに買い物をしましょうか。

says ('sez) 言う（三人称） not「セイズ」
say ('sei) I say, you say, they say
afternoon (ɑ:ftə'nu:n) 午後
bird watching ('bə:d 'wɔtʃiŋ) バードウォッチング
instead (in'sted) その代わりに
club ('klʌb) クラブ　　　　注；klʌ:
shopping ('ʃɔpiŋ) 買い物
　The TV: テレビを見るのは watch TV と the をつけないのが普通ですが（the をつける人もいる）主語の場合は My TV という感じで The をつけます。

give up (あきらめる、降参する) という意味で日本語になっています。
>I'll give up smoking.
>>(おれはタバコをやめるぞ。)
>The gunman has given up and freed the hostages.
>>(そのガンマンは降参して人質を解放した。)

instead (その代わりに)　学校で習うのは instead of
>He didn't become a pianist. Instead, he became a conductor.
>>(彼はピアニストにならなかった。代わりに彼は指揮者になった。)
>I want to eat natto and mezashi instead of bacon and eggs.
>>(ぼくはベーコンエッグのかわりに納豆とめざしを食べたい。)玉子一個でも eggs

the shopping (本文ではきまりきった買い物)
>I do the shopping every other day.
>>(私は一日おきに買い物をする。)

Shall I ...「なになにしてあげましょうか」と言う場合にこういう言い方をします。
>Shall I open the window?
>>(窓をあけましょうか。)
>Shall I carry this box upstears ?
>>(この箱を二(上)階に運びましょうか。)

42
Yet, still, already
(もう・まだ・すでに)

Has Victor got up yet ? No, he's still sleeping. It's already 8 o'clock. Wake him up or he'll be late for the ceremony. The bus has already gone so he'll need to take a taxi to the station

ビィクターはもう起きましたか。いいえ彼はまだ寝ています。すでに8時です。彼を起こさないと彼は式に遅れてしまいます。もうバスは行ってしまったので彼はタクシーで駅へ行かなければなりません。

Victor ('viktə) 男子の名前
got up ('gɔt 'ʌp) get up (起きる) の過去形
yet ('jet) 本文では「まだ」 注；t
already (ɔːl'redi) すでに、もう
taxi ('tæksi) 注；tæ
gone ('gɔn) go (gou 行く) の過去分詞
still ('stil)

yet, still, already（もう / まだ・すでに ...）
似たような意味ですが、慣れると簡単です。次の四つの文を参考にしてください。

Have you had your breakfast yet?
（あなたはもう朝ご飯をたべましたか。）

Yes, I've already had it.
（はい、私はもう朝ご飯を食べました。）

No, I haven't had it yet.
（いいえ、私はまだ朝ご飯を食べていません。）

No, I am still having it.
（いいえ、私は朝ご飯をまだ食べているところです。）

タクシーで行くというのは、
I took a taxi to the airport.
I went to the airport by taxi.
（私はタクシーで空港へ行った。）
Please call / get me a taxi.
（タクシーを呼んでください。）

タクシー・車に乗るのは、
I get in a taxi / car. 他の乗り物は on。
I get on a train / bus / ship / plane.

the bus は私が乗らなければならないバスなので one and only。a taxi は one of many。

43
See, look, watch (見る)

I can see lots of animals in this zoo. Look at the crowd of people. They are watching the panda's baby, some are taking pictures and others are waving their hands and looking at them through their telescopes

　私は、この動物園で多くの動物を見ることができます。あの人だかりをみてごらんなさい。彼らはパンダの赤ちゃんを見ています。写真を撮ったり、手をふったり、望遠鏡でのぞいている者もいます。

animals ('ænimǝl) 動物（複数）　注；'ænǝ
zoo ('zu:) 動物園
Look at ('lukǝt) 見てごらん
crowd ('kraud) 群衆　　　　　　注；d
panda's ('pændǝz) パンダの　注；pæ
through ('θru:) 通して
hands ('hændz) 手（複数）　注；hæ
telescopes ('teliskoups) 望遠鏡（複数）

写真
　　They are taking pictures.
　　　（彼らは写真を撮っている。）
　　　普通の会話では、写真を pictures という。
　　May I take your picture?
　　　（あなたの写真を撮ってもよろしいですか。）
　　may は相手の許可を得る場合に使います。ていねいな言い方。

自分の写真を撮ってもらいたいときは
　　Please can you take a picture of me?
　　Please can you take my picture?
　　　（私の写真を撮ってくださいませんか。）

お世辞をいいたいときは、
　　You look younger / beautiful in this picture.
　　（あなたはこの写真では若く / 美しく見えます。）

a telescope　望遠鏡、中学ではこの英語は習わないと思いますが、顕微鏡 a microscope と一緒に覚えてください。scope ですからやさしい。
　　I like seeing the moon through a / the telescope.
　　　（私は望遠鏡で月を見るのが好きだ。）
　　Look at these bacteria through / under the microscope.　（顕微鏡でこれらのバクテリアを見てごらんなさい。）
　　　　　　側にある顕微鏡なので the microscope。

103

44
Made from / of
（..... から作／造る）

My uncle grows grapes and makes wine from them. So wine is made from grapes.

My grandfather cuts down bamboo trees and makes them into birdcages. So birdcages are made of bamboo.

私のおじはブドウを栽培してワインを作ります。だからワインはぶどうから作られます。私の祖父は竹を割って、その竹で鳥かごを作ります。鳥かごは竹から作られます。

uncle (ˈʌŋkl)　おじ
grows (ˈgrouz)　grow（育てる）　三人称
wine (ˈwain)　ブドウ酒
grapes (ˈgreips)　ブドウ（複数）
bamboo (bæmˈbu:)　竹　注;bæ
grandfather (ˈgrændfɑːðə)　祖父
birdcages (ˈbəːdkeidʒz) 鳥かご（複数）

...を作るといのは
..... is made from.... 原料
..... is made of..... 材料
と、習いましたが、会話ではだいたい本文のような言い方です。

> Grapes are made into wine,
> Wine is made from grapes.
>   (ワインはブドウから作られる。)
> My father makes apples into cider.
>   (私の父はリンゴでサイダーを作ります。)
> Iron is made into warships.
> Warships are made of iron.
>   (軍艦は鉄から造られます。)
> What is it made of / from?
>   (それは何からできていますか。)

多くの前置詞（in, on, from etc）は日本語から直接訳せます。とくに from は簡単で、「から」でほとんど間に合います。

of はそう簡単にはいきません。何度もしゃべってリズムで覚えてください。材料の場合は次の二つで十分です。

> made of wood, paper, etc
> built of steel, stone, wood etc

This plane / aircraft is made up of many different parts. （この飛行機は多くの異なった部品からできている。）

45
Smell (におう)

Nora! Does my breath smell ? Yes, you smell of garlic. By the way I can smell something burning. My goodness, I've forgotten the bacon in the frying-pan..

ノラ、私の息がにおいますか。ええ、にんにくのにおいがします。ところで、何か焦げているにおいがします。あっいけない。フライパンのベーコンを忘れていました。

breath ('breθ) いき、呼吸
smell ('smel) におう、嗅いでみる
burning ('bə:niŋ) 焦げている 注；'bə:
My goodness ('mai 'gudnis)
　　「あっ、いけない」という感じ
forgotten (fə'gɔtn) forget(忘れる)の過去分詞
frying-pan ('fraiiŋ-pæn) フライパン
注　the bacon はフライパンの中のベーコンなので the bacon。the bacon in the fryingpan: 料理の場合は in、not on

「においがする」は、いろいろなケースがあります。
自分がにおいを感じる場合は、
 She is smelling the roses.
  (彼女はバラのかおりを嗅いでいます。)
 I can smell the dinner cooking.
  (夕食料理のにおいがする。)
 The dinner smells good.
  (夕飯はいいにおいがする。)
 The dog is smelling (sniffing) out drugs.
  (犬は薬物をかいでいます。)

相手がにおう場合は、
 You smell of cigarettes. 必ず cigarettes
  (あなたはタバコのにおいがする。)
相手の息がにおう場合は、
 Your breath smells.
  (あなたの息がにおう。)
物がにおう場合は、
 The room smells of tatami.
  (その部屋は畳のにおいがする。)

smell は名詞でもよく出てきます。
 There is a smell of curried rice.
  (カレーライスのにおいがする。)
 This kusaya hasn't much smell.
  (このくさやはあまりにおいません。)
a smell か smell かこういうことはすべて日常会話で身につきます。

46
Since, for (時間・期間) を示唆

Robert has known Anne since 2010, so he has known her for 17 years.

Tony has not seen Robert since they left school, so he hasn't seen him for ages.

ロバートはアンを 2000 年から知っています。だから彼は彼女を 17 年間知っています。

トニーはロバートに学校を卒業してから会っていません。だからトニーはロバートに長い間会っていません。

Robert ('rɔbət) 名前（男）
Anne ('æn)　名前（女）
Tony ('touni) 名前（男）　　注; tou
since ('sins)　… 以来　　注;si
Robert ('rɔbət) 名前（男）
Anne ('æn)　名前（女）
Tony ('touni) 名前（男）
ages ('eidʒiz) 年（複数）　for ages（久しく）
years ('jəːz)　year　年（複数）
ears ('iəz)　ear　耳（複数）

since は、主に完了形（have/had +過去分詞）の文に使われます。「．．．．して以来」という意味。

It's been a long time since I saw you last.
（最後にお会いしてからずいぶん久しぶりですね。）
I haven't heard from him since he left the company.
（私は彼が会社を去って以来、彼からなんの便りもない。）
He has been in the pachinko hall since 3 o'clock.
（彼は3時からパチンコ屋です。）

ever since はちょっと強調した言い方。

I came to Tokyo in 1999 and have lived here ever since.
（私は1999年に上京しそれ以来ずっとここに住んでいます。）
The pickpocket was caught a year ago and has been in prison ever since.
（そのスリは、一年前に捕まって以来ずっと刑務所です。）

for：この場合は「時間・距離」の間という意味。

H's been waiting for her for 3 hours
（彼は彼女を三時間待っています。）
Every day he walks for 10 km.
（彼は毎日10km 歩きます。）

47
At / on sports day (運動会)

Eight runners lined up at the starting line and when the pistol sounded they all started. Brian was in the lead but fell over and finished last.

　8人のランナーがスタートラインに並びました。そしてピストルが鳴ると皆一斉にスタートしました。ブライアンはトップを走っていましたが転んでビリになりました。

runners ('rʌnəz) 走る人たち　　注 rʌ
lined up ('laind 'ʌp) 並んだ
pistol ('pistl) ピストル　　　　注；tl
Brian ('braiən) 名前（男性）
lead ('li;d) 首位に立つ　　　　注；d
over ('ouvə) fell over で転んだ
finished ('finiʃt) finish (終わる) の過去・過去
　　　　　　　　　　　　分詞　注；t

この27語の本文にdで終る語が5つもあります。dが正しく発音できるとあなたの英語はきれいになります。

lined up: 運動会で「よーぃドン」を頭に描いてください。line up は並ぶことです。
> Many people line up to get tickets at Ueno Station in December.
> （１２月、上野駅では切符を買うために多くの人たちが並ぶ。）
> Line up, children !
> （並んで）　子供たちに向って大声で言う。
> Line up everyone!
> （みなさん並んでください。）

in the lead;　リードで日本語になっていますが、この場合は「先頭を走っている」いう意味です。レースでは top を使いません。
> He was in the lead from start to finish.
> （彼は始めから終りまで一番だった。）
> He was last from start to finish.
> （彼は始めから終りまでびりだった。）

finished last / first / in second place
> （彼はびり / 一番 / 二番だった。）
> He ran well and came in third place.
> （彼はよく走って３位になった。）

last, first, in second の前に the をつけません。

fell over ;「転んだ」という意味。
> He fell over the chair.
> （彼は椅子から落ちた。）

111

48
Kitten birth （子ネコの誕生）

This is the cat Sophia brought me last year and it gave birth to 5 kittens. They are all feeding well on their mother's milk.

これは、去年サファイアが私の所へ持ってきた猫で、五匹の赤ちゃんを産みました。子猫たちは皆お母さんの乳をよく飲んでいます。

Sophia (səˈfaiə) 名前（女）

brought (ˈbrɔːt) bring（持ってくる）の過去形

birth (ˈbəːθ) 出生・誕生

feeding (ˈfiːdiŋ) 食べている、乳を飲んでいる

well (ˈwel) よく、しっかりと

kittens (ˈkitnz) 子ネコ（複数）

gave birth to ...「出産した」という意味で、哺乳動物も日常会話では同じ言い方をします。

My wife gave birth to a son yesterday.
　（私の妻は昨日男の子を産みました。）
Mary has given birth to twins and we can hear the cries of the new born babies.
　（メアリーは双子の赤ちゃんを産みました。赤ちゃんたちの産声がきこえます。）
Our dog has given birth to 3 puppies this morning.
　（うちの犬が今朝、三匹子犬を産んだ。）

牧場では、
　In spring we are busy looking after the animals that give birth.
　（春は出産する家畜の面倒をみるのに忙しい。）

feeding on / with :「食べ物を与える or 食物を食べる」という意味。主に動物、人間にも使います。

I feed my cat on fish every other day
　（私は猫に一日おきに魚を食べさせます。）
My cat feeds on fish every three days..
　（私の猫は三日おきに魚をたべます。）
Hippos usually feed at night.
　（カバは普通、夜る食べます。）

注; a kitten (kitn) 子猫　a puppy ('pʌpi) 子犬
　　a lamb (læm) 子羊　a pony ('pouni) 子馬
　　いずれも日本語になっています。

49
My dog (ぼくの犬)

I have a dog and I trained it well. When I walk him I always put him on a leash / lead and when I have a cup of coffee in a café I tie him to the fence.

　私は犬を飼っています。そして私はその犬をよく訓練しました。私は彼と散歩するときはいつも彼をひもでつないで歩きます。私がカフェでコーヒーをのむときは彼を塀につないでおきます。

trained ('treind) 訓練した　　注；d
walk ('wɔ:k) 歩く
on a, on a, in a, in a
leash ('li:ʃ) 犬をつなぐひも （米）
lead ('li:d) 犬をつなぐひも （英）　注；d
tie ('tai) 結ぶ
coffee ('kɔfi) コーヒー　　注；i ,not i:
fence ('fens) 柵、塀　　　　　　注；s

犬と散歩するのは、
　I walk the dog every morning.
　I take the dog for a walk every morning. とも言います。

a lead / leash 犬のひも
　I put the dog on a lead / leash.
　　（私は犬にひもをつけます。）
　Dogs must be kept on a lead / leash in the parks.
　　（犬は公園ではひもでつないでおくこと。）
　You must not let your dog off a lead / leash in the park.
　　（公園では犬を放してはなりません。）
木につなぐ場合は、
　I tie my dog to a tree.
　　（ぼくは犬を木につないだ。）

もうひとつ犬のフンがあります。普通の英会話では鳩のフン以外は直接いわないで
　I clear up after my dog with a small shovel and plastic bag..
　　（私は、小さいシャベルとプラスチックバッグで犬の後始末をします。）
　Be aware of the pigeons' droppings.
　　（鳩のフンに注意。）

50
Mr Reed's painting
(リードさんの絵)

Mr Reed is a painter. Few people want to buy his paintings. Jackson is the only person that keeps on buying them. He believes in the future the paintings will be worth a lot of money.

　リードさんは画家です。彼の絵を買う人はごくわずかです。ジャクソンは彼の絵を買い続けている唯一の人だ。彼は将来、絵に高い値段がつくと思っている。

Reed ('ri:d) 名字
want to buy
few ('fju:) ほんの少し（数えられる名詞の前）
only ('ounli) ただ一つ　　　　注；ou
Jackson ('dʒæksʌn) 名字
person ('pə:sn) 人　　注；sn 母音なし
only ('ounli) 唯一の、だけの　　注；ou
worth ('wə:θ) …するに値する　注；W

a painter は画家。ペンキ屋さんは a house painter。　絵は a picture, a painting or a drawing。

few;（c）名詞の前につけて「ごく少数」という意味。
　　　few cars　（1-2台の車）
a few; a がつくと「いくつか」という意味。
　　　a few cars（数台の車）
(u) 名詞には little を使います。

the only person that …
人の場合は関係代名詞は who ですが、the only や the first / last がつくと that も使います。
　Lindberg is the first person who /that
　flew across the Atlantic Ocean.
　　（リンドバーグが大西洋を横断飛行した最初の人です。）
 keep on 続けるという意味、carry on ／ go on ともいいます。
　We kept on walking for 20 hours.
　　（我々は20時間歩き続けた。）

worth ; 値打ち・価値がある
　This old stamp is now worth ¥100m.
　　（この古切手は100万円の値うちがある。）
　This garden is worth visiting.
　　（この庭は訪れてみる価値がある。）

51
At the station (駅で)

Please can you tell me which platform I need to catch the train to London?

You need platform 4 but it's late because of a strike. You may have to spend the night here.

ロンドンへ行く汽車はどのプラットホームか教えてください。4番ですが汽車はストのため遅れています。あなたは、今晩ここで過ごさなければならないかもしれません。

London ('lʌndən) ロンドン　　注; lʌ
platform ('plætfɔ:m) プラットフォーム
　　　　　　　　　　　　　　注; plæ
train ('trein) 汽車　　　　注; tre
need ('ni:d) 必要がある
strike ('straik) ストライキ　　注: stra

「どのプラットホームから、自分が乗りたい汽車が出発するのか」ということを尋ねる英語は道を尋ねるのと同じ。最初は "Excuse me" でも「ちょっとすみません」と日本語でも顔を見てくれればOK、あとは、
　　　Please can you tell me .....?　と言えばいい。本文の英語はこういう場合のきまりきった言い方です。
　自分が乗りたい汽車は one and only だから the train。ロンドン行き汽車は、the train to London です。platform はこういう場合は a も the もつかない。
　　　The train to Osaka will depart from platform 1.
　　　（大阪行き汽車は1番ホームから発車します。）

 strike;（スト）という意味では on strike、それ以外は a がつきます。
　　　They are on strike.
　　　　（彼らはスト中。）
　　　They went on strike.
　　　　（彼らはストに突入した。）
　　　an air strike（空爆）
　　　three strikes すなわち strike-out（三振）

may; 主に可能性と許可を示唆。
　　It may be true.（それは真実かもしれない。）
　　I may be late.（私は遅くなるかもしれない。）
　　May I come in ?（入ってもいいですか。）

52
Lay and lie (並べる、横たわる)

Robert lays the table. First he covers it with a tablecloth and then puts out the knives, forks and plates. After his meal he usually lies on the sofa and watches TV.

ロバートは食卓の準備をします。彼はテーブルにテーブルクロスを敷いてナイフ、フォーク、皿を並べます。ご飯を食べ終わると、彼はだいたいソファーに横になりテレビを見ます。

Robert ('rɔbət) 名前（男性）
　　　　　　ロボットは robot ('roubət)
First ('fə:st) 最初に
lays ('leiz) 置く（三人称））並べる、準備する
lies ('laiz) 横たわる（三人称）
usually ('ju:ʒuəli) ふだん
sofa ('soufə)　　　　　　注；sou
watches ('wɔtʃiz)
注；lay と lie はこんがらかる。（英語国の人たち）
　　　　lay, laid, laid, laying
　　　　lie, lay, lain, lying

the table:　食卓は家に一つしかないから the table。a tablecloth:　何枚かある。the をつけたいなら、the best ／ pink tablecloth 。

「lay と lie はこんがらかる」と英国の英語の本には書いてあります。だいたい次のように書いてあります。Lay has an object and lie does not.
　　　(lay は目的語をとるそして lie はとらない。)

　lay:　日常会話では、「食卓の用意をする」・「カーペットを敷く」・「肩に手を置く」・「eggs を産む 133p 参照」… よくでてきます。
I bought a carpet and laid it by myself.
　　(私はカーペットを買って自分でそれを敷いた。)
My father used to lay his hand on my head when he talked to me.
　　(私の父は、私と話すとき自分の手を私の頭の上に置いていたものです。)

lie;「横たわる」場合は lie です。
　The lion lies down on the ground.
　　(ライオンは地べたに横たわります。)
　I lay down on my bed.
　　(私はベッドの上に横たわった。)
　Hiroshima lies to the west of Honshu.
　　(広島は本州の西にあります。)
　A new life lies before you.
　　(新しい人生があなたの前に広がっています。)

53
How to make tea (紅茶の入れ方)

I boil water and pour the hot water into the teapot to warm it and then I tip the warm water out and put the tea leaves into the pot. I pour boiling water in and the tea will be ready in 5 minutes.

私はお湯をわかしてティーポットにいれて温め、それからそのお湯を捨て、茶葉をポットに入れます。私は熱いお湯を入れ5分でお茶が入ります。

boil ('bɔil) 沸騰する
water ('wɔ:tə) 水　　　　注；tə
teapot ('ti: pɔt) きゅうす　注；t
warm ('wɔ:m)
pour ('pɔ:) 本文では「注ぐ」
tip ('tip) チップ　　本文では「捨てる」
mimutes ('minits) 分（複数）

pour:「そそぐ」という意味で主に液体を扱うときに使います。日常会話によくでてくるのは、
  He pours beer into a glass.
    (彼はグラスにビールを注ぎます。)

雨がじゃんじゃん降っているときに言うのが
  It is pouring with rain.
    (どしゃ降りだ。)

なんとなく感じが似ています。
  Passengers came pouring out of Shimbashi station.
    (乗客が新橋駅からわぁーとでてきた。)

tip: 日本語のチップです。動詞になって pour と同じような意味にもなります。
  I tipped out the water in the tea pot.
    (私はティーポットの水を捨てた。)
  I usually tip the waiter in a hotel.
    (私はホテルでは普通、ウエイターにチップを上げます。)

ready; 準備ができている、覚悟ができている
  Dinner is ready.
    (昼食ですよ。)
一般の英国人には lunch という言葉はなかった。スープつきの昼食は dinner と呼んだ。
  Many young people were ready to die for their country.
    (多くの若者が国のために死ぬ覚悟だった。)

54
Colour and collar (色と襟)

Peter likes the colour red, so nearly all his belongings are red. Now he wants to buy a couple of red shirts

A shop salesman says, "May I measure your collar size." "Yes, please."

ピーターは赤色が好きなので、彼の持ち物はほとんど赤色だ。今、彼は赤いシャツを２枚買いたいと思っている。
店員が「襟を計らせていただきます。」
お願いします。

colour / color ('kʌlə) 色　注；ə:
collar ('kɔlə) カラー、襟　注；ə:
red ('red) 赤、赤い
belongings (bi'lɔŋiŋz) 所有物、必ず複数形
say ('sei) 言う
says ('sez) 三人称では y を発音しない。
couple ('kʌpl) 二つ、一対　注；pl

「赤が好き・緑が好き」という場合は、
　I like the color red / green.

his belongings ; は必ず複数形。
　I hurriedly packed all my belongings into the suitcase and went to the air port by taxi / in a taxi.
　　（私は大急ぎで自分の所有物をスーツケースにつめこみ、タクシーで空港へ行きました。）
　　the suitcase は my suitcase でもいい。

a couple of ; two という意味、会話では two より a couple of の方がよくでてきます。何度も発音しないときれいにいえません。
　a couple of pens, a couple of apples
　a couple of people, a couple of cars

May I .....　は、ていねいな言い方で店員は必ず
　"May I help you Sir / Madam?"と言います。
用がないときは
　"No,thank you" と言えばいい。
　May I borrow you car ?
　　（車をお借りできますか。）
　May I use the telephone?
　　（電話を使ってもよろしいですか。）
　Yes, you may.　 No, you may not.
　　（いいですよ。）　　　（だめです。）

55
Flu (インフルエンザ)

Paul felt feverish so he took his temperature. It was 39.3 degrees so he went to the hospital. The doctor checked his chest and said " you have bad flu." He was hospitalised at onc

　ポールは熱があると感じたので体温を計りました。39.3度あったので病院へ行きました。お医者さんは彼の胸を診察すると、「あなたは悪性のインフルエンザにかかっています。」といいました。ポールは直ちに入院することになりました。

Paul ('pɔ:l)　名前（男性）
feverish ('fi:vəriʃ)　熱がある
temperature ('tempriʃə) 温度、体温
doctor ('dɔktə)　注；tə
checked ('ʧekt)　本文では「診断した」注；kt
flu ('flu:)　インフルエンザ
hospitalised ('hɔspitəlaizd) 入院した

feverish: 熱があれば誰でもこういいます。
 I feel feverish. または I have a fever.
 （私は熱っぽい。）　　　（私は熱がある。）
 A fever of excitement of the world
 football / soccer games.
 （ワールドフットボール / サッカーゲームの熱狂）

temperature: 体温も気温も temperature
 The temperature outside is 30
 degrees.
　（外の気温は30度です。）
 His temperature is 38.5 degrees.
　（彼の熱は38.5度です。）

hospital：患者として行く場合は the をつけません（米はつけます）。(school と生徒、prison と囚人)も同じ。生徒や囚人でない場合は the / a をつける。
 He stayed in prison for 5 years.
　（彼は刑務所に五年間いた。）
 I visited the school / prison yesterday.
　（私は昨日学校 / 刑務所を訪問した。）

flu: influenza の略。flu（英）the flu（米）
 I've caught really bad flu.
　（私は悪性のインフルエンザにかかった。）

風邪は通常 a cold。a をつけない人もいる。
 I've caught a cold.（私はかぜをひいた。）

56
A loan (ローン)

I'm going to buy a car but my savings are only just enough for a down payment so I'll take out a loan for the rest from the bank.

ぼくは車を買おうと思うが、ぼくの貯金は頭金しかないので残金は銀行のローンにします。

loan ('loun) ローン　　注; ou
lawn ('lɔ:n) 芝生　　　注; lɔ:

enough (i'nʌf) 十分な

rest ('rest) 休息、本文では「残り」注; st

bank ('bæŋk) 銀行　　　注; bæ

payment ('peimənt) 支払い

savings 「貯金」という意味では必ず複数形
  I keep my savings in the bank.
    (私は銀行に預金している。)
  Her secret savings have become large.
    (彼女のへそくりは大金になった。)

a down payment 頭金
  I made a down payment of ¥50,000 on the car.
    (私はその車の頭金5万円払った。)

a loan ローン 最初の二つの文は同じです。
  I took out a loan of ¥10m from the bank.
  I borrowed ¥10m from the bank.
    (私は銀行から1千万円借りた。)
  I took out a loan to buy a house.
    (私は家をローンで買いました。)
  I am heavily in debt.
    (私は借金漬けです。)
  I am heavily on loans. とは言いません。
  I am heavily in debt with loans.
    (私はローン漬です。)

the rest 残り、必ず the がつきます。
  We went to the sea and the rest of the group went to the mountain.
    (我々は海へ行き、残りは山へ行きました。)

57
sting（ハチが刺す）

While we were picking flowers in the fields I was bitten by insects and Grace was stung on her face by a bee. Her face became red and swollen so we called her for an ambulance

　私たちが野原で花をつんでいたら私は虫にかまれ、グレイスは顔をハチに刺された。彼女の顔は赤くはれ上がったので彼女に救急車を呼んだ。

bitten ('bitn) bite (bait) かむ、刺すの過去分詞
　　　　　　　　　　　　　注；tn 母音なし
Grace ('greis) 名前（女性）
stung ('stʌŋ) sting (stiŋ) 刺すの過去、過去分詞
swollen ('swoulən) swell (swel) 膨らむ
　　　　　　　　の過去分詞　注；sw
called ('cɔːld) call（呼ぶ）の過去
cold ('could) 寒い　注；cou
ambulance ('æmbjulans) 救急車　注；æ

bitten; bite (かむ) の過去分詞
 I was bitten by a dog.
 (ぼくは犬にかまれた。)
 He bit into a large apple.
 (彼は大きなリンゴにかぶりついた。)
 Stop biting your nails.
 (爪を噛むのはやめなさい。)

stung ; sting (刺す) の過去・過去分詞
 A bee stings.
 (ハチは刺す。)
A bee sting is very painful and swells up.
 (ハチに刺されるとすごく痛いそしてはれる。)
 A number of people die from being stung by bees.
 (ハチに刺されて死ぬ人もいます。)
 A mosquito stings an animal and sucks its blood.
 (蚊は動物を刺し血を吸います。)
A mosquito bites. 一般的ですが、これは間違いです。蚊は血を吸い続け尻からぽてぽて落としながら、多分死ぬまで吸い続けます。

swollen; swell (サイズや量が増える) の過去分詞
 His face is swollen with anger.
 (彼の顔は怒りで膨らんだ。)
 The cherry buds are beginning to swell.
 (桜のつぼみがふくらみ始めた。)
 His heart was swollen with hope.
 (彼の胸は希望でいっぱいになった。)

58
Salmon (サケ)

Salmon lay their eggs in the river. The eggs hatch in two weeks and the small salmon travel down to the sea. When they have grown up they return to the same river to lay their eggs.

　サケは川で卵を産みます。卵は2週間でふ化し、小さいサケは川を下り海に出ます。彼らが成魚になると生まれた川に戻り卵を産みます。

salmon ('sæmən) サケ　　注；sæ

hatch ('hætʃ) 卵がふかする　注；hæ

travel ('trævl) 旅する　　　注；最初と最後の唇

grown ('groun) grow (grou)
　　　　　　　　　　　育つの過去分詞

lay; 魚類・爬虫類・鳥・昆虫が卵を産むときに使います。
>Our chikens lay eggs every day.
>>（うちのにわとりたちは毎日卵を産みます。）
>An octopus lays its eggs in its nest and takes care of them.
>>（タコは自分の隠れ場所に卵を産み保護します。）
>Snakes lay their eggs on land and leave them under the sun.
>>（ヘビは陸地で卵を産み太陽の元に放置します。）

hatch; 卵がふ化するときに使います。
>The eggs have hatched into chicks.
>>（卵がひなにかえった。）
>An egg of a butterfly hatches into a caterpillar.（土木機械会社の名前になっている）
>>（チョウチョの卵はかえっていも虫になります。）
>Eels hatch in the sea and grow in the river.
>>（ウナギは海でふ化して川で育ちます。）

travel; 移動する（飛ぶ・走る・旅行する等）
>Light travels faster than sound.
>>（光は音より速い。）
>The earth travels around the sun.
>>（地球は太陽の周りを回ります。）
>The car travels on the left in Japan.
>>（日本では車は左側通行。）

59
birds (鳥)

A bird lays its eggs in a nest and the eggs hatch into small birds. The parents feed them on small animals or insects until they can fly by themselves.

鳥は巣に卵を産み、卵はかえってひなになります。親鳥は、ひなたちが自分で飛ぶことができるまで小動物や昆虫を食べさせます。

bird ('bə:d) 鳥　　　　　　注; bə:
nest ('nest) 巣　　　　　　注; st
hatch ('hætʃ)　　　　　　　注; hæ
parents ('peərənts) 両親
fly ('flai) 飛ぶ、名詞はハエ
fry ('frai) いためる、deep fry てんぷらにする
animals ('æniməl) 動物（複数）　注; æ

爬虫類は産んだ卵をそのままほっておきますが、鳥は一生懸命に温めます。
> The bird lays its eggs and warms them by sitting on them.
>> （鳥は卵を産むと、その上に座って卵を温めます。）

注；この The bird はすべての鳥を代表して出てきた一羽の鳥です。意味は全部ですが、形は一つなので続く動詞・代名詞は単数形です。その一つとこんがらかるが、文脈・感じで決めます。慣れるとすぐわかります。

by themselves；「自分自身の力で」という意味、myself,yourself, hisself 等になります。
> They start flying and try to find food by themselves.
>> （彼らは飛び始め、そして彼ら自身でえさを見つけようとします。）

> I can cook by myself.
>> （私は自分で料理ができます。）

> He is old enough to live by himself.
>> （彼は大きくなりましたので、自分で生活できます。）

until; 復習、（…までずーと）という感じ。
> Until then I was poor.
>> （それまで私は貧乏でした。）

> I'll try over and over again until I pass the exam.
>> （私はその試験に受かるまで何度も挑戦します。）

60
Snakes (スネイクス)

Snakes can live in cold places because they can live underground in holes during the winter.

Snakes hatch from eggs but some bear their young alive. (some are born young.) snakes はいろいろな言い回しを教えてくれます。

snakes は寒い地域で生息することができます。なぜなら彼らは冬の間、地中の穴の中で過ごすことができるからです。snakes は卵からかえりますが、赤ちゃんとして産まれてくるものもいます。

underground (ˈʌndəgraund) 地下の

during (ˈdjuəriŋ) … の間

snakes (ˈsneiks) スネイクス (複数)

hole (ˈhoul) 穴　　　　　注；hou
hall (ˈhɔːl) 広間、玄関ホール　注；hɔː
注； A mamushi is born straight into the world and doesn't come from eggs?.
(A mamushi は、そのままこの世に産れ出てきて卵からはかえりません。) borɔn alive ／ young とも言う。

live ; 生きる・暮らす」という意味。
　　More than 5 billion people live in the world / on the earth.
　　　(50億人以上の人々が世界 / 地球上で暮らしています。)
　　The population of the world is more than 5 billion.
　　　(地球の人口は50億以上です。)
　　My grandmother lived to (be) 105.
　　　(私の祖母は105歳まで生きた。) be は無くてもいい。

underground ;「地下の ...」という意味
　　The rhamen bar is underground.
　　　(そのラーメン屋は地下だ。)
　　Some animals live underground.
　　　(地下で暮らしている動物もいる。)
　　Underground (地下鉄、ロンドンの表示)
　　Subway (地下鉄、ニューヨークの表示)
　　He went underground to escape arrest.
　　　(彼は逮捕を逃れるため地下にもぐった。)

were born young / alive;「赤ちゃんとして産まれる / 親と同じ姿」という言い方。
　　Mammals are born young / alive.
　　　(哺乳動物はあかちゃんとして産まれます。)
　　There are egg-laying mammals.
　　　(卵を産む哺乳動物もいます。)

61
Mind (心、気にする)

"*Would you* mind if I smoke ?"
"Yes, I do."
The other day you said "I've given up smoking." didn't you?
" Yes, I know. I made up my mind to give up but I just couldn't' stick to it."

「タバコを吸ってもいいですか。」
「いいえ、だめです。」
先日、あなたは「タバコをやめた。」といったじゃないですか。」
「ええ、知っていますよ。私は禁煙しようと決心しましたが、がんばることができないのです。」

Would you　Would you
mind ('maind) 気にします
couldn't ('cudnt) could not
stick ('stik) くっつく、固辞する
注; Would you mind.....? ていねいな言い方、
　　Do you mind....?　普通の言い方

Do you mind.....? と言われると誰も最初はYesかNoか、とまどいます。「Do you mind... 気にしますか」と頭の隅に入れておいてください。「気にすれば」Yes、「気にしなければ」No。

動詞;
  Mind your own business.
    (大きなお世話だ。)
  Mind your head ／ step.
    (頭上・足元に気をつけろ。)
  I don't mind the heat.
    (暑さなど平気だ。)
  Never mind.
    (気にしない。)
  Do you mind if I open the window?
    (窓を開けてもいいですか。)

名詞
  So many men, so many minds
    (人の思いは十人十色)
  A sound mind is found in a sound body. 仏陀の教え
    (健全な精神は健全な身体に宿る。)
  A good idea has just come to my mind.
    (いい考えが頭に浮かんだ。)

形容詞
  He is a narrow-minded man.
    (彼は心の狭い男だ。)

62
Horses (馬)

Donald is mad on horses, well, he likes betting on them. Last week he won 30 times the money he placed on a bet so now he's paid back all the money he had borrowed.

ドナルドは馬きちがい、もちろん馬に金を賭けることです。先週、彼は賭け金の 30 倍儲けました。彼は借金をすべて返済しました。

Donald ('dɔnəld)　名前（男性）

mad ('mæd)　狂喜の、夢中になった　注；mæ

betting ('betiŋ)　賭けること

placed ('pleist)　place（配置した、置いた）の過去・過去分詞　注；st

earned ('ə:nd)　earn（稼ぐ）の過去　注；ə:

money ('mʌni)　お金　　　　注；ni

borrowed ('bɔroud)　borrow（借りる、の過去・過去分詞　注；oud

mad は crazy クレイジーという感じでよく出てきます。とんでもないことをすると、

> That poor man has gone mad.
> （あの男は気が狂ったんだ。）
> You drive me mad.
> （おまえは、おれをいらいらさせる。）
> He is mad about her.
> （彼は彼女にまったくいかれている。）

bet 賭け、賭ける

> He just lives for betting on the horses.
> （彼は馬の賭けで暮らしている。）
> He often loses his bets.
> （彼はよく賭けに負ける。）
> He sometimes wins his bets.
> （彼はときどき賭けに勝つ。）

I'll bet you ¥10,000 against you winning and if you lose pay me the same.
> （私は、あなたが勝ったら一万円払うよ、負けたら同額私に払ってください。）
> ★ not your winning

horse-riding 乗馬

> Anne loves horse-riding.
> （アンは乗馬が大好きです。）
> I sometimes see her on horse back. .
> I sometimes see her out riding a horse.
> （私はときどき彼女が馬に乗っているのを見ます。）

63
Growing rice (稲の栽培)

I am a rice farmer and I sowed rice in the seed beds in the early spring. They soon grew into new leaves and then I planted them into the paddy fields. Ears form on the rice in August and I harvest them in September.

私は米農家です。春先にモミを苗代にまきました。もみは苗に育ち田んぼで田植えをしました。夏に稲穂が育ち、初秋に刈り取ります。

sowed ('soud) sow (種をまく) の過去・過去分詞
sewed ('soud)　sew (縫う) の過去・過去分詞
rice ('rais)　米　白米は polished rice
paddy fields ('pædy 'fi:ldz) 田んぼ (複数)
ears ('iəz)　耳、麦やトウモロコシの穂 (複数)
harvest ('hɑ:vist)　収穫・収穫する
autumn ('ɔ:təm)　秋 fall (米)

the seeds from / the seeds of ;. (…の種)
I sow the seeds from these flowers in my garden.
　　(私は庭にこれらの花の種をまきます。)
I sow the seeds of carnations in pots.
　　(私はポットにカーネイションの種をまきます。)
She sows the land with sunflower seeds.
　　(彼女はその土地にひまわりの種をまきます。)
He sowed the seeds of hatred.
　　(彼は憎しみの種をまいた。)

注; the seeds from these flowers
　　　　　　　(漠然と花の種)
　　the seeds of carnation　(特定の花の種)

じゃがいも、樹木などを植える場合は plant を使いますが普通の野菜にも使います。
　I planted spinach and onions last week.
　　(先週、私はホウレンソウとタマネギを植えた。)

ears;(穂) 聖書に腹をすかしたイエス様の弟子たちが、麦の穂をむしりとってかじりついている様子があります。
His disciples began to pick the ears of corns, rub them in their hands and eat the grain.　　Luke 6. 1
　　(イエス様の弟子たちは麦の穂をもぎ取り、手でもんで実を食べ始めた。) 彼らは腹がすいていた。

64
Octopus rice (タコご飯)

We began with seaweed soup followed by an octopus salad. Then Mrs Kanamaru dished out octopus rice to everyone. It was very delicious so I had a third helping.

私たちは、まずワカメスープから始めて次にタコサラダを頂きました。金丸さんの奥さんは皆にタコ飯を盛りました。大変おいしかったので私は三杯食べました。

seaweed (ˈsiːwiːd) 海草　　注；siː

octopus (ˈɔktəpəs) タコ

followed (ˈfɔloud)　follow（に続く）の過去・過去分詞　注；lou

salad (ˈsæləd) サラダ　　注；sæ,d

dished (ˈdiʃt)　dish（皿に盛る）の過去・過去分詞　注；t

delicious (diˈliʃəs) おいしい　　注；di

began with or start with ;
  His work began / started with reading his e-mails / letters.
    (彼の仕事はeメール / 手紙を読むことから始まる。)
  To begin / start with we visited Paris.
    (まず最初にパリを訪問した。)

begin は常に start と同じではない。
  I cannot start this motorbike.
    (このオートバイのエンジンがかからない。)

follow
  Monday follows Sunday.
    (月曜日は日曜日の次にきます。)
  She always follow fashion.
    (彼女はいつも流行を追っている。)
  Follow his instructions.
    (彼の指示に従いなさい。)

helping; 食事時の一杯、二杯、一皿、二皿
  I used to have a fifth helping of rice for supper when I was a high school student.
    (ぼくは高校生の時、夕食はご飯を5杯食べた。)
  I've had a second helping of curried rice.
    (ぼくはカレーライスを二皿食べた。)

65
The rainy season (雨季)

In Japan the rainy season starts in June and the vegetables grow well. When the rainy season is over summer begins and the heat is strong and many people suffer from heat stroke.

日本の梅雨は6月に始まり、野菜がよく育ちます。雨季が終わると夏がきます。暑くて、多くの人たちが熱中症になります。

rainy ('reini) 雨の・雨降りの　注 ; ni

season ('si:zn) 季節

vegetables ('vedʒitəblz)　野菜（複数）

over ('ouvə) 終わった（いろいろな意味があります）　注 ; ou

suffer ('sʌfə) 患う、こうむる

heat stroke ('hi:t 'strouk) 熱中症　単数：形

the rainy season starts / begins ; set in と
もいいますが start / begin とやさしい語で十分
です。set in でよく出てくるのが sun-set（日没）。

The sun sets in the west.
（太陽は西に沈みます。）

set in は、あまりよくないことが start してしば
らく続くという感じ。

I'm afraid this bad weather sets in for
a while.
（このいやな天気が当分続きますよ。）

over; finished という感じ、日本語は「....た」
で終りますが、英語は過去形になりません。

The war is over.
（戦争は終わった。）

The fighting is over.
（戦いは終わった。）

The storm is over.
（嵐が過ぎた。）

suffer from heat stroke（熱中症にかかる）

He suffers from hay fever.
（彼は花粉症にかかっている。）

He suffers from cancer of the stomach.
（彼は胃がんを患っている。）

We all suffer some degree of dementia
when we get old.
（歳をとれば我々は皆ある程度の認知症を患う。）

66
Floods (洪水)

Darkclouds cover the sky and the wind blows strongly and then the rain falls like a water-fall. The river overflows its banks and many towns are flooded. This is happening in many parts of the world.

　黒い雲が空を覆い、風が強く吹きそして雨が滝のように落ちてきます。川が土手からあふれ出て多くの町が浸水しています。こういうことが世界の多くの所で起こっています。

floods (ˈflʌdz) 洪水（複数）、 洪水にする（動詞）

sky (ˈskai) 空　　　注；s

blows (ˈblouz) 吹く（風）　三人称

overflows (ouvəˈflouz)　あふれ出る注；ou

world (ˈwəːld) 世界　　　　　注；wəː

cover（覆う）　水害被災地では、
　The roads were covered with mud.
　　（道路は泥で覆われている。）
　Peter covers the table with a cloth.
　　（ピーターはテーブルにテーブルクロスをかけます。）
　This company always tries to cover up its scandals.
　　（この会社は常に不祥事を隠ぺいしようとする。）

the rain falls　普通は it rains ですが、ちょっと物語風に言っただけ。
　The rain falls heavily and nobody goes out.
　　（雨が激しく降っていて誰も外へ出ない。）

overflow　あふれ出る
　The hall was full and some students overflowed into the corridor.
　　（ホールいっぱいで、幾人かの生徒は廊下にはみ出ていた。）

flood 洪水（動詞・名詞）
　Stay away from the river. It will flood soon.　（川から離れろ。川はすぐ氾濫する。）
　Many houses were washed away by the flood.　（多くの家がその洪水で流された。）

67
Australia and Austria
（オーストラリアとオストリア）

Alexander was born and brought up in Australia so he is born Austrailian. He went to Austria and studied music in Vienna. He married an Austrian girl and they visited Mexico on their honeymoon.

アレキサンダーはオーストラリア生まれ、育ちの生粋のオーストラリア人です。彼はオストリアへ行きウイーンで音楽の勉強をしました。彼はオストリア女性と結婚して、新婚旅行でメキシコへ行きました。

Alexander (ælig'zɑːndə) アレキサンダー
Australia (ɔst'reiljə) オーストラリア
Austrailian (ɔst'reiljən) オーストラリアの(人)
Austria ('ɔstriə) オストリア
Austrian ('ɔstriən) オストリアの (人)
Vienna (vi'enə) ウイーン
Mexico ('meksikou) メキシコ
※ Sex, Sex…Mex, Mex….Mex..ico Mexico

国名・人・形容詞・国民。

Britain. He is a British person /British.
the British
　(英国・彼は英国人です。英国民)

Scotland.　He is a Scot / Scottish.
the Scots　(スコットランド・彼はスコットランド人です。スコットランド国民)

Sitzerland.　She is a Swiss / Swiss.
the Swiss
　(スイス・彼女はスイス人です。スイス国民　)

Greece.　He is a Greek / Greek.
the Greeks
　(ギリシャ・彼はギリシャ人です。ギリシャ国民)

Iraq . He is a Iraqi / Iraki.　the Iraqis
　(イラク・彼はイラク人です。イラク国民)

Pakistan.　He is a Pakistani / Pakistani.
the pakistanis
　(パキスタン・彼はパキスタン人です。パキスタン国民)

Thai.　She is a Tai / Tai.　　the Thais
　(タイ・彼女はタイ人。タイ国民)

Holland / Netherland.
He is a Dutchman / Dutch.　the Dutch
　(オランダ・彼はオランダ人です。オランダ国民)

Israel. He is a Israeli /Israeli.
the Israelis
　(イスラエル・彼はイスラエル人。イスラエル国民)

68
the Anglo-Saxons
(アングロ - サクソン)

The 5th century AD the German tribes, the Angles and Saxons invaded part of Britain and named the land England. They brought their own languge which became English.

西暦5世紀ゲルマン民族のアングル族とサクソン族がブリテンの一部に侵入し、侵入地をイングランドと命名しました。彼らは自分たちの言葉を持ちこみ、それが英語になりました。

Anglo- Saxons ('æŋglou-'sæksnz)
German ('dʒəːmən) ドイツの
5th ('fifθ) 5番目、5番目の
century ('sentʃuri)
tribes ('traibz) 部族（複数）　注；tra
invaded (in'veidid) invade（侵入する）
　　　　　の過去・過去分詞
part of Britain ('paːt ɔv 'britən)
land ('lænd) 土地
own ('oun) 自身の

中学・高校で習ったゲルマン民族の大移動

Many parts of the Roman Empire were invaded by the German tribes.
(ローマ帝国の多くの地域がゲルマン民族に侵入された。)

After some wars, Britain took a large part of North America.
(何度か戦争して英国は北アメリカの大部分を手にした。)

part に a がつかない。形容詞が入るとつく。

named 名前をつけた

Robinson Crusoe named the man on the island Man Friday.
(ロビンソン　クルーソーは島のその男をマンフライデーと名づけた。)

The man was named Man Friday.
(その男はフライデーと名づけられた。)

He was named Taro after his grand father.
(彼は祖父の名をとって太郎と名づけられた。)

call も同じように使われる。

He was called the Father of Medicine.
(彼は医学の父と呼ばれた。)

He was called the Edison of Japan.
(彼は日本のエジソンと呼ばれた。)

69
The late riser (朝寝坊屋)

Brian sets his alarm clock when he goes to bed. In the morning he stops the alarm the moment it goes off and keeps on sleeping so he usually oversleeps.

　ブライアンは寝るときに目覚まし時計をセットします。朝、目覚ましが鳴ると直ちに止めて寝続けるので彼はだいたい寝坊します。

late ('leit)
riser ('raizə)
Brian ('braiən)
sets ('sets)
alarm clock (ə'la:m 'klɔk)
stops ('stɔps)
moment ('moumənt)
usually ('ju:ʒuəli)
oversleeps (ouvə'sli:ps)

set は日本語になっています。
　I want to set the video to record the concert.
　　（私はコンサートをビデオにセットしたい。）
　We must set up the price of a lunchbox by 5 %.
　　（我々は弁当の価格を 5% 上げなければならない。）
　Smith set a new Olympic Record in the 200 meters breaststroke.
　　（スミスは 200m 平泳ぎでオリンピックレコードをつくった。）

goes off 鳴る、爆発する
　I've set the alarm clock to go off at 6 o'clock in the morning.
　　（私は朝 6 時に鳴るように目覚時計をセットした。）
　They've set the explosives to go off at 5 in the afternoon.
（彼らは爆発物が午後 5 時に爆発するようにセットした。）

the moment・・・するとたんに
　I warmed to her the moment I met her.
　I fell in love with her at the first sight.
　　（ぼくはひと目で彼女が好きになった。）

70
The Olympics (オリンピック)

There were many small states in ancient Greece and they were unfriendly towards each other. Then, hoping athletic activities would create good-will between the states they held the athletic contests at Olympia. So, the Olympic Games started.

　古代ギリシャには多くの小国家が寄りあっていてお互いにいがみ合っていました。そこで競技活動で良い関係を築けると願い競技大会をオリンピアで開催しました。こうしてオリンピック競技が始まりました。

Olympics (ə'limpiks)
states ('steits)
ancient ('einʃənt)
Greece ('griːs)
activities ('æktivitiz)
athletic contests ('æθliːt 'kɔntests)
held ('held)

the Olympics とは、
　the Olympic Games の Games がとれた。
the Rockies とは、
　the Rocky Mountains の Mountains がとれた。

The Olympics are held every 4 years or the 4th year.　not every 4 year.
　（オリンピックは４年ごとに開催されます。）

The Olympics are held in Tokyo in 2020.
　（オリンピックは 2020 年東京で開催される。）

The Olympics needs a lot of money so many cities have lost their motivation to host them.
　（オリンピックは莫大なお金がかかるので、多くの都市がオリンピック招致の意欲をなくしました。）

Winning a gold medal in the Olympics is a dream of most athletes.
（オリンピックで金メダルをとることは選手たちの夢です。）

the contest; コンテスト

He has taken part in the world Karate contest.
　（彼は世界空手コンテストに参加した。）

Hanako has won Miss Japan in the beauty contest.
　（花子は美人コンテストでミス日本になりました。）

THE がよくわかる本	ランガーメール編集部
a と the の物語第3版	ランガーメール編集部
	Vanessa Hosford
talk, talk, talk	ランガーメール編集部
	Vanessa Hosford

英会話練習 版

第一版 2019年12月2日　　第1刷　発行

著者　　ランガーメール編集部
　　　　Vanessa Hosford

発行者　小池 清勝
発行所　ランガーメール

〒302-0034 茨城県取手市戸頭1-2-6-801
Tel（0297）78-9824

印刷・製本　　株式会社 広英社

© Vanessa Hosford. Languamail
2019 printed in Japan
ISBN 978-4-9900402-6-0　C 0282
コピー・無断転載を禁じます。
乱丁本・落丁本はお取り替えいたします。

snakes はいろいろな言い回しを教えてくれる。

A snake lays its eggs on the land and leaves them under the sun..
(A snakeは陸地に卵を産み、太陽のもとに放置します。)

Many snakes hatch from eggs but some are born young.
(多くのsnakesは卵からかえりますが、赤ちゃんとして産まれるsnakesもいます。)

Boa snakes make good pets.
Boa snakes can be kept as pets.
(Boa snakesはいいペットになります。)

A snake casts its skin as it grows.
(A snakeは成長するとき脱皮します。)

Unlike other reptiles snakes can live in cold places because they can hibernate in the winter.
(他の爬虫類と違い、snakesは寒い地域でも生きられます。それは冬に冬眠するからです。)

A boa snake coils round its prey and squeezes it to death. (A boa snakesは獲物をぐるぐる巻きにして絞め殺す。)

....

reptiles (ˈreptailz) 爬虫類（複数）
hibernate (ˈhaibəneit) 冬眠する
squeezes (ˈskwiːziz) 締める

A snake moves by using its muscles along its body.
　(A snakeは体中の筋肉を使って動きます。)
Some snakes produce poison.
　(毒を持つsnakesもいます。)
one of the most poisonous snakes make enough poison to kill several hundreds people.　(最も毒の強いa snakeは数百人を殺せる毒を持ちます。)
Snakes have many teeth, but they do not use them for chewing.
　(snakesはたくさんの歯をもっていますが噛み砕くためには使いません。)
All snakes swallow their prey whole.
　(すべてのsnakesは獲物を丸呑みします。)
Snakes are feared by man but most snakes do us no harm.
　(snakesは人に恐れられていますが、ほとんどのsnakesは我々に危害を与えません。)

・・・・・・・・・・・・・・・・・・・・

muscles ('mʌslz)　筋肉（複数）
poison ('pɔizn)　　毒
prey ('prei)　獲物
feared ('fiəd)　fear（恐れる）過去・過去分詞
harm ('hɑ:m)　危害